JN062697

親鸞の主著『教行信証』の世界

Tomomichi Nobutsuka
延塚知道

東本願寺出版

本書について

本書は、月刊誌『同朋』にて全二十四回（二〇一六年七月号～二〇一八年六月号）にわたり連載された延塚知道氏の「『教行信証』の世界」を書籍化したものです。

『教行信証』（『顕浄土真実教行証文類』）は、浄土真宗の宗祖である親鸞聖人が生涯をかけて推敲し続けられた主著であり、本願念仏の教えのよりどころとなる根本聖典です。

しかしながら、この書物は六巻からなる漢文の書であり、さらにその大部分を経典や七祖をはじめとした諸師方の著作の引用で構成するという独特な手法で著された書であることなどから、私たちが何の手掛かりもなく、その内容を味わうことは容易ではありません。

本書では、大谷大学名誉教授である延塚氏が、『教行信証』制作の背景・目的や、著述にあたっての方法論など、親鸞聖人が〝なぜ・何を・どのように〟顕そうとされたのかを、丁寧に読み解いてくださっています。同時に、そのことが私たちとどう関係するのか、氏ご自身が教えに遇われた体験等にもふれながら、問い尋ねてくださっています。

本書をきっかけとして、一人でも多くの方が『教行信証』にふれ、そして親鸞聖人が顕かにされた本願念仏をよりどころとする生活を始められることを願っています。

最後に、連載の書籍化にあたり快く許可を賜り、あらためて内容の整理・加筆修正等のご尽力をいただきました延塚知道氏に、厚く御礼を申し上げます。

東本願寺出版

親鸞の主著『教行信証』の世界　目次

第六章　親鸞聖人の『大経』了解――『教行信証』の視点から――……151

・本文中の真宗聖典とは、東本願寺出版発行の『真宗聖典』を指します。
・読みやすさを考慮し、引用文の漢字は通行の字体にあらためました。

はじめに

これから宗祖親鸞聖人の主著である『顕浄土真実教行証文類』（以下、『教行信証』）を、皆さんとご一緒に拝読していきたいと思います。

『教行信証』は、釈尊（お釈迦様）に始まる仏教の学問の歴史を踏まえて書かれた学術書です。すべてが漢文で書かれていますし、『仏説無量寿経（大無量寿経）』・『仏説観無量寿経』・『仏説阿弥陀経』の三経と、七祖（七高僧）の著作をはじめとする膨大な仏教書の引文（引用文）と、親鸞聖人ご自身が筆を執って書かれた「御自釈」とによって成り立っています。この高邁な学術書を読み解いて、親鸞聖人の凡夫としての信心の広大な世界をお伝えできる自信はとてもありませんが、『教行信証』は、いつでも、どこでも、どんな人も救う仏道を明らかにしています。その意味では、京都の大谷大学で『教行信証』を長年学ばせていただいた責任があります。その一念で、わが身も省みずに筆を執ることにさせていただきました。これから『教行信証』をできるだけ分かり易くお話しして、親鸞聖人が明らかにされた浄土真宗を心から讃嘆したいと思うことであります。

この書は、親鸞聖人の第一作目の著作で、渾身の力を込めてお書きになった立教開宗の書であると言えます。続く第二作目が「浄土和讃」と「高僧和讃」なのですが、おそらく『教行信証』を書きながら、七祖の引文と浄土真宗の要になるところを和讃にして書き貯めていかれたのではないかと推測されます。

『教行信証』は、親鸞聖人が七十五歳の時に弟子の尊蓮に書写をさせていますし、「浄土和讃」と「高僧和讃」が公にされたのは七十六歳です。その他の著作のほとんどは、八十歳を過ぎてから書かれたものですから、『教行信証』とこの二つの和讃は、同じ時期に同じ課題をもって公にされたものであると思われます。

繰り返しになりますが、『教行信証』は、学問の世界に捧げた学術書です。それに対して和讃の方は「越天楽」や「黒田節」や「荒城の月」などに見られるような今様形式で、庶民のはやり歌です。『教行信証』は学界へ、和讃は庶民へと、まったく対象が違うのですが、親鸞聖人は浄土真宗の核心を分かり易いはやり歌にのせて、庶民にも伝えようとされたのだと思います。その和讃の背景にあるのが『教行信証』です。そこに、『教行信証』が難しい学術書であると同時に、立教開宗の書であるという大切な意味が湛えられているのです。

第一章　題号について

1 『大無量寿経』の論書

この書の正式な題名は、『顕浄土真実教行証文類』です。

『教行信証』は、教巻、行巻、信巻、証巻、真仏土巻、方便化身土巻の全六巻で成り立ち、各巻に標挙が掲げられています。標挙とはその巻の「見出し」あるいは「目次」に相当すると言えます〔下図参照〕。

教巻の「大無量寿経　真実の教　浄土真宗」という標挙以外は、『大無量寿経』（以下、『大経』）に説かれる四十八願の中から、七つの願が各巻の標挙として選ばれていま

『教行信証』の構成

顕浄土真実教行証文類序

総序本文

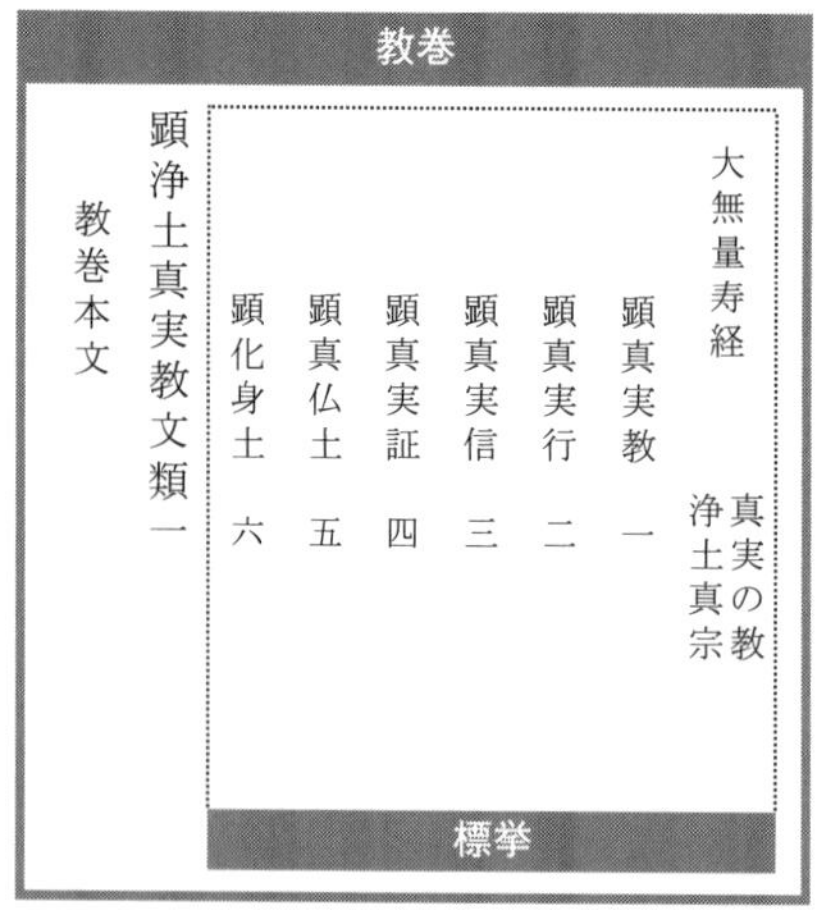

す。行巻の第十七願・諸仏称名の願、信巻の第十八願・至心信楽の願、証巻の第十一願・必至滅度の願、真仏土巻の第十二願・光明無量の願と第十三願・寿命無量の願、方便化身土巻の第十九願・至心発願の願と第二十願・至心回向の願の七つです。また、証巻の還相回向が明らかにされる前に、第二十二願（還相回向の願）の願名が挙げられています。真仏土巻までの六願は真実の願と呼ばれますが、化身土巻の二願は方便の願です。それを合わせて真仮八願と言います。親鸞聖人は『大経』に説かれている四十八願から、この真仮八願だけを選んで浄土真宗を表すのです。なぜこの八願だけを選んだのかについて

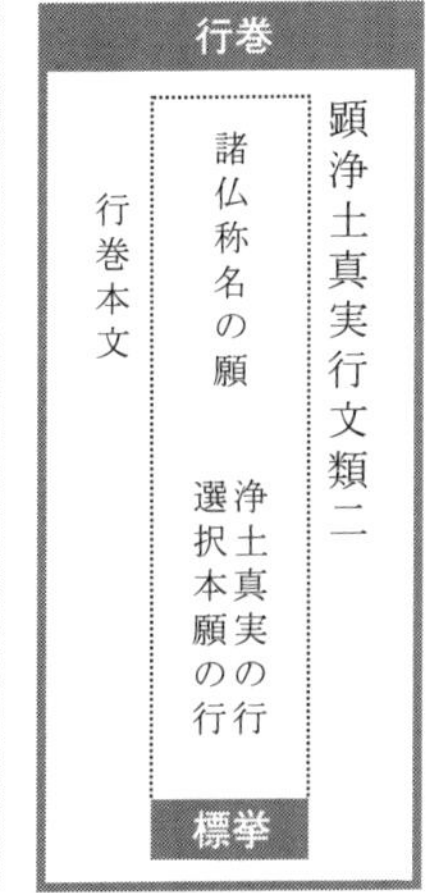

信巻
顕浄土真実信文類序
別序本文
至心信楽の願
正定聚の機
顕浄土真実信文類三
信巻本文
標挙

証巻
顕浄土真実証文類四
必至滅度の願
難思議往生
証巻本文
標挙

は、後ほど詳しく尋ねていきますが、まずはこの下図に表されていることをよく頭に入れておいてください。

さて、この教巻の標挙には「顕真実教一　顕真実行二　顕真実信三　顕真実証四　顕真仏土五　顕化身土六」（真宗聖典　一五〇～一五一頁）と六巻すべてが列挙されて、その後に教巻が始まっていきます。したがってその前に掲げられる「大無量寿経　真実の教　浄土真宗」という標挙は、「真実の教」という面から言えば教巻の標挙ですが、「浄土真宗」という面から言えば、『教行信証』全体を貫く標挙になると思われます。このように全体が『大経』の本願によって成り立っているの

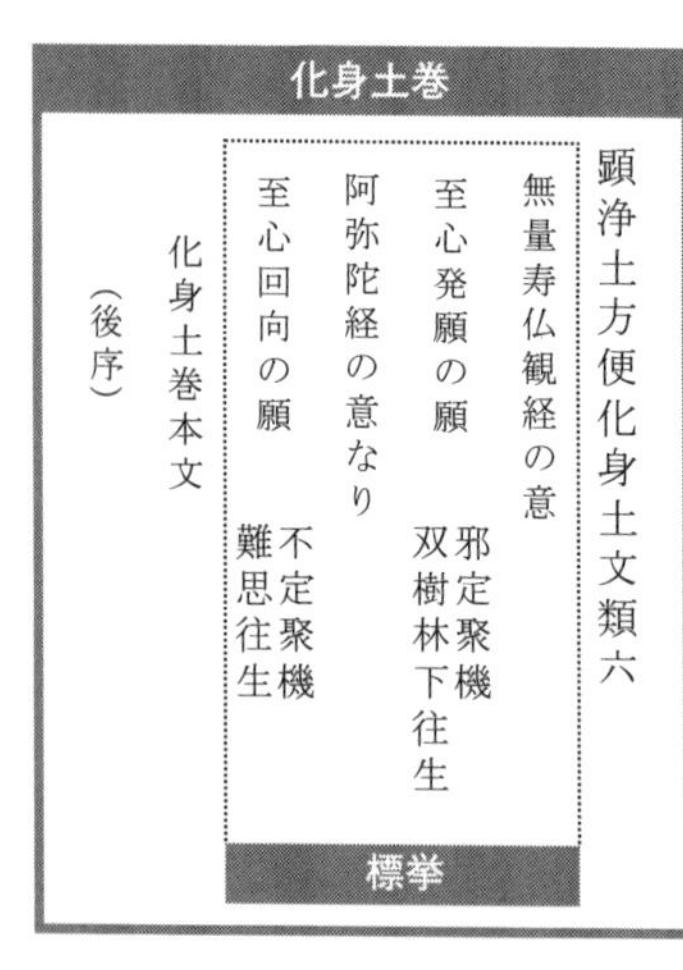

ですから、『教行信証』は『大経』の論であることが分かります。

釈尊の教えが説かれた経典を「経」と言い、経典をいただいた感動を基にして書かれたものを「論」と言います。さらに経・論の註釈を「釈」と言います。論は、本来インドの菩薩しか著していませんが、親鸞聖人は末世の仏弟子として、初めて『大経』の論を著したのです。

『大経』では釈尊の説法の聞き手である対告衆が二つに分かれています。一つは、阿難を中心とする直弟子たちですが、これは凡夫をも包んでいるグループです。もう一つは、観音、勢至、普賢という大乗の菩薩たちのグループです。インドの龍樹や世親（天親）は、大乗の菩薩として『大経』の論を書くのですが、『大経』を末世の仏弟子のために説かれた教えとしていただいた親鸞聖人は、群萌※の一人として、初めて『大経』の論を書いたのだと思います。

さて、『顕浄土真実教行証文類』という題号は、実に格調の高い題です。以前に、大乗仏教を学んでおられる先生から、「『教行信証』は『摂大乗論』や『大智度論』や『大乗起信論』のような一般的な大乗の論の題と違うのはどうしてですか。なぜ親鸞聖人はこんな難しい題を付けたのですか」という質問を受けたことがあります。それほど個性的なのですが、だからこそ『教行信証』全体の思想を表すために、親鸞聖人が苦心して付けられた題だと思われます。大切ですので、この題号から尋ねていきましょう。

※ **群萌** 衆生（生きとし生けるもの）のこと。草の芽生えのむらがりにたとえる。

2　浄土真実

「顕」という字は「アキラカニアラワス」という意味ですから、それほど難しくありません。問題は、次の「浄土真実」という言葉です。先学にはこれを「顕浄土」と、浄土で切って読む領解もありますが、そこで切らずに「顕浄土真実」と読むことが『大経』の伝統に立つ親鸞聖人の読み方であると思われます。なぜなら行巻の標挙には、「浄土真実の行」と掲げられているからです。

この言葉は、世親が『大経』を讃嘆して作られた『願生偈』の発起序に

我修多羅、真実功徳の相に依って願偈を説いて総持して、仏教と相応す。

（真宗聖典　一三五頁）

と詠われます。この「真実功徳」が、『大経』の覚りを表す「浄土真実」という意味です。「修多羅」とは『大経』のことですので、「我は『大経』の浄土真実のはたらき（浄土の相）に依って願生偈を詠い、大乗仏教の大涅槃の覚りに相応したい」という意味になります。

さらに『願生偈』の不虚作住持功徳という箇所では

仏の本願力を観ずるに、遇うて空しく過ぐる者なし、能く速やかに功徳の大宝海を満足せしむ。

（真宗聖典　一三七頁）

と詠われます。「念仏して本願に帰することができれば、必ず仏に成ることが決定され、それが空しく終わらないのです。本願力の方から、大涅槃の大いなる宝の海のような満足を与えてくださるのです」という意味です。ここにも阿弥陀如来の真実功徳が、我われの救い（成仏道）を実現すると詠われます。

この「能、令、速」という表現に、如来の本願力を生きていこうとした世親の感動がよく表されていると思われます。本願の名号（みょうごう）に帰命すれば、阿弥陀如来の覚りの方から能（よ）くはたらき出て、速（すみ）やかにわが身全体を包み込み、本願力によって必ず仏に成ら令（し）めてくださるのです。ここに本願力の方から仏にさせられるという、他力の仏道の詳細が実によく表現されています。仏に成るということが分かりにくければ、私が私で良かったという絶対満足を与え令める、と了解しても誤りではないでしょう。それが阿弥陀如来の真実功徳である、他力のはたらきです。

親鸞聖人はこの「真実功徳」（浄土真実）について、『一念多念文意（いちねんたねんもんい）』で次のように説かれます。

> 真実功徳ともうすは、名号なり。一実真如の妙理、円満せるがゆえに、大宝海にたとえたまうなり。一実真如ともうすは、無上大涅槃なり。涅槃すなわち法性なり。法性すなわち如来なり。宝海ともうすは、よろずの衆生をきらわず、さわりなく、へだてず、みちびきたまうを、大海のみずのへだてなきにたとえたまえるなり。
>
> （真宗聖典　五四三頁）

「「真実功徳」は広く言えば『大経』に説かれる浄土のはたらきですが、それは本願の名号一つに納められているのです。相対分別で苦しんでいる我われに、一如の仏さまの世界を開いて絶対満足を与えてくださるから大宝海に譬えるのです。その一如の仏さまの世界は、無上大涅槃とか法性とか如来と言うことができます。宝海は、一切の衆生を凡夫の身そのままで、きらわず隔てずさわりなく一如の世界に包んで、必ず仏に成る道に立たせてくださるのです」という意味です。

もう一つ同じ趣旨で書かれた『一念多念文意』の文を見てみましょう。

「大宝海」は、よろずの善根功徳みちきわまるを、海にたとえたまう。この功徳をよく信ずるひとのこころのうちに、すみやかに、とくみちたりぬとしらしめんとなり。しかれば、金剛心のひとは、しらず、もとめざるに、功徳の大宝、そのみにみちみつがゆえに、大宝海とたとえたるなり。（真宗聖典　五四四頁）

「「大宝海」には、仏さまの一如のはたらきが満ちているから、海に譬えるのです。名号に帰した人の心の内には、それが速やかに満ち溢れて、比べることを超えた自体満足の安心が溢れてきます。ですから金剛心の人は、求めなくても知らないうちに、如来の方から相対分別を超えた世界に包んでくださるから、大宝海に譬えるのです」という意味です。

どちらの文も、親鸞聖人が本願の名号に帰した感動を実に正確に教えてくださっていますから、ただ頭を下げてよく聞き取るほかはないと思われます。

ここに本願の名号が、我われの相対分別を破って、凡夫の身のままで必ず大涅槃の一如の世界に包み、成仏に向かって歩む者に転じてくださる。その『大経』のはたらきを、「真実功徳」・「浄土真実」と了解していることがお分かりいただけると思います。この言葉に『大経』に立った、親鸞聖人独自の了解があるのです。

3　選択本願の念仏

親鸞聖人はこのことを踏まえて、念仏を「浄土真実の行」と言い、行巻に「諸仏称名の願　浄土真実の行　選択本願の行」という標挙を掲げます。「諸仏称名の願」とは、『大経』の四十八願の中の第十七番目に、次のように誓われています。

> たとい我、仏を得んに、十方世界の無量の諸仏、ことごとく咨嗟して、我が名を称せずんば、正覚を取らじ。
> （真宗聖典　一八頁）

ここには二つの意味が込められていますが、一つはすべての諸仏に誉められたいと誓われています。如来が誉められたいと言われるのは、我われのように有名になりたいとか自慢したいのではなくて、一切諸仏の根源仏に成りたいと誓われるのです。諸仏が共通にもっている願は、四弘誓願※です。ところが、阿弥陀如来だけが一切衆生を救うために、四十八もの願を建てました。凡夫を救うような勝れた仏さまは、他にいないのです。

『大経』下巻の「東方偈」では、そんな勝れた仏さまがいるのなら遇ってみたいと、世界中の諸仏、諸菩薩が阿弥陀の浄土に往き、私たちが本当になりたかった仏さまは阿弥陀如来であると知って、自分の国も阿弥陀の浄土にしたいと、還相の菩薩になって南無阿弥陀仏の教えによって衆生を教化すると説かれます。

また『阿弥陀経』には、阿弥陀如来の舌から諸仏が生まれると説かれています。そのような、一切諸仏の根源仏に成ることが誓われています。

もう一つは、インドから我われのところに仏教を伝えた、諸仏の伝統を表す願という意味があるのです。諸仏の根源は阿弥陀如来ですから、第十七願は南無阿弥陀仏の伝統を表す願でもあります。根本教主である釈尊から始まる七祖の伝統と言ってもいいでしょう。また、皆さん方が、ご両親やおじいさん、おばあさんに教えられて称え（となえ）ている、お念仏の伝統と考えても結構です。

親鸞聖人にとっては法然上人（ほうねんしょうにん）に教えられた念仏ですから、「選択本願の行」と言われるのです。これは師法然の『選択本願念仏集』（せんじゃくほんがんねんぶつしゅう）（以下、『選択集』（せんじゃくしゅう））という著作に由来する言葉ですから、行巻で明らかにする行は、法然上人から伝えられた念仏であると言っていることになります。

なぜかというと、念仏はすべての仏教の根底に流れています。しかし法然上人の称える念仏は、他の宗派のように、私たちが仏に成るための修行の一つとしての念仏ではなくて、仏の覚りを私たちに手渡すために、阿弥陀如来の方がご苦労して選び取ってくださった、選択本願の念仏なのです。

私たちは欲にまみれて生きていますから、救いと言っても欲の延長でしか考えられません。健康に長生きで、豊かで便利に快適に、といったことくらいしか頭に浮かびません。しかし欲を延ばしても、それは本当の救いにはなりません。嘘を重ねて本当にしようとするようなものです。

ですから、阿弥陀如来は覚りの方から立ち上がり、一切衆生の本当の救いを準備してくださったのです。その意味では、凡夫の身こそが法蔵菩薩を覚りの座から立ち上がらせたのです。このような仏さまの方からの仏教を説いてくださったのが、『大経』の教えです。法蔵菩薩は、一切衆生に覚りを手渡すために五劫もの間思惟し、兆載永劫の修行によって、我われには捉えどころのない仏の覚りを浄土として建立し表されたのです。そしてその浄土で一切衆生を救い取るために、念仏一つを選択してくださったのです。それが法然上人の説く「選択本願の行」です。

※ **四弘誓願**　すべての仏・菩薩が起こす自利利他を内容とする四つの願い。

衆生無辺誓願度　誓ってすべてのものを救おう
煩悩無数誓願断　誓ってすべての迷いを断とう
法門無尽誓願知（学）　誓ってすべての教えを学ぼう
仏道無上誓願証（成）　誓ってこの上ないさとりにいたろう

4　浄土真実の行

それに対して「浄土真実の行」の方は、『大経』に立った親鸞聖人独自のご了解です。浄土真実とは、先に尋ねたように真実功徳という意味でした。したがって「浄土真実の行」とは、本願力によって『大経』の覚りである大涅槃を開いてくださる行という意味です。このように親鸞聖人が説かれる念仏には、如来が選んでくださった選択本願の行というだけではなく、さらに積極的に、如来の方が大涅槃の覚りの座より立ち上がり、私たちが凡夫のままで仏に成る道に立たせてくださる行という意味があるのです。このような意味を込めて、親鸞聖人は浄土真宗の念仏や信心を、大行・大信と独自の言葉で表現します。大とは如来を表します。ですから、如来の方から涅槃の覚りを開く行信という意味です。

大乗仏教のそれまでの常識では、行と言えば「向涅槃道」を実現させる行為です。修行によって涅槃の覚りを悟る道ですから、必ず衆生から仏の覚りへという方向をもっています。ところが大行は、それとはまったく反対で、仏から衆生へという方向をもっているのです。『大経』を群萌のための絶対他力の教えと読んだ親鸞聖人は、大行という独自の言葉によって、大乗仏教の行の概念を百八十度転換しました。それを『大経』の伝統に立って、「浄土真実の行」と標挙に掲げたのです。

法然上人の念仏往生の仏道を、親鸞聖人は、本願の名号に帰した者に大涅槃を開いて、凡夫のままで仏に成る道に立たせてくださると表明しているのです。なぜそのようにする必要があったのかと言うと、「生死即（しょうじそく）涅槃」を旗印にする大乗仏教のすべてが、この涅槃の覚りを目標にしているからです。

要するに『教行信証』の課題は、親鸞聖人にまで伝統されてきた浄土教の念仏往生の仏道を、大乗仏教の共通目標である大般涅槃道（だいはつねはんどう）に転換し、師法然の仏道こそ大乗の至極（大乗の中で最も勝れた仏道）であると証明することにあるのです。

ですから、『教行信証』は、浄土を顕らかにすることつまり顕「浄土」に課題があるのではなく、『大経』による大般涅槃道を証明することが課題ですから、「顕浄土真実」を浄土で切るのではなく、「浄土真実」と一連に読まなければなりません。

500年　1000年　10000年

	正法	像法	末法	滅法
教	○	○	○	×
行	○	○	×	×
証	○	×	×	×

5　正像末史観

ここからは、題号の後半部分「教行証文類」について考えてみましょう。まず「教行証」の「教」とは、真実の教えを表しますし、「行」とは、その教えを実践する行を表します。「証」とは、真実の行に開かれる証りを表します。したがって、教行証とは、仏道がわが身に生きてはたらき出ていることを表す言葉です。

この「教行証」は、釈尊の正像末史観と同時に説かれますので、分かり易いようにそれを尋ねてみましょう。

正像末史観とは、釈尊が亡くなられてからの時代を「正法」・「像法」・「末法」と区分する仏教の歴史観です。「正法」とは、釈尊が入滅してから五百年の間を言います（上図参照）。この時にはまだ釈尊の威光が生き生きとはたらいていて（教）、それを実践（行）する僧もいますし、証りとしての法も生きてはたらいています。教行証が揃っている時代と言ってもいいですし、仏法僧の三宝が揃っている時代と言ってもいいのです。要するに仏道が生きてはたらいている時代を、正法と言います。

ところが五百年を過ぎた頃から、釈尊の教えとそれを実践する僧はいても、証りを覚る者がいなくなるのです。このように教と行が揃っていても、証がない時代が千年続くと説かれます。それをすがただけの時代という意味で、「像法」と言います。

正法、像法の千五百年が過ぎると、教えはあっても、それを実践する僧も証もなくなってしまう、それを「末法」と言います。釈尊の経典は、寺院や図書館の中にあっても、出家して戒律を守る僧もいなければ、証りもなくなる時代が一万年続くと説かれています。しかもその後は、教行証が完全になくなって、「滅法（めっぽう）」の時代になると釈尊が予言しているのです。それを正像末の三時史観（さんじしかん）と言います。

末法・滅法になって仏教がはたらかなくなった世情を、「五濁（ごじょく）※の世・無仏の時」と言います。「五濁の世」になると、劫濁（こうじょく）・見濁（けん）・煩悩濁・衆生濁・命濁（みょう）という人間の煩悩に覆われて世は濁り、考えられないような事件が起こるようになります。「無仏の時」とは、何が真実か分からないということですが、そうなれば結局は強烈な自己主張しか残るものはありません。それぞれの自我関心だけが肥大すれば、人間は孤独に沈み他と対立して、内にこもれば自殺、外に向かえば殺人の絶えない世の中になるでしょう。

人間が知識を蓄えて文化が発展すれば、この世はだんだん良くなっていくという人間中心主義の西欧の歴史観と、仏智による歴史観とは正反対です。現代の世界情勢をよく見れば、釈尊と親鸞聖人の教えをよく聞くべきであると思わざるを得ないでしょう。

※　**五濁**　末世になると生じてくる五種類の世の汚れのこと。

1　劫濁は時代全体の濁りで、天災や、戦争に代表される社会悪のこと。

2　見濁は思想の濁りを意味し、よこしまな思想や邪教がはびこること。

3　煩悩濁は煩悩が燃えさかり、精神的な悪徳が横行すること。

4　衆生濁は人間の身心が弱まり、質的に低下すること。

5　命濁は人間の命が次第に短くなり、最後には10歳にまでなること。

6　教行証について

それにしても仏教ではなぜ実践の仏道を、教行証で表してきたのでしょうか。それは我われが生きる時には、どんな人でも必ず教行証という形を取るからです。人は必ず、何かを信じ（教）それを実践して（行）、その結果（証）を引き受けて生きていかなければなりません。それは男でも女でも、若者でも老人でも、どんな人も逃れることはできません。

例えば私は、親鸞聖人の教えを信じ、大学で講義をしています。それが、学生にとっていいことになるか悪いことになるかは分かりませんが、いずれにしてもその結果を引き受けなければなりません。皆さんにとっても、信じるものが愛であったり良心や正義感であったりと、人それぞれですが、それを日々実践して、その結果を引き受けなければならないでしょう。そのようにどんな人も、必ず教行証という形で生きています。ですから仏教は、人間が生きることと一つになってはたらく仏道を、教行証で表すのです。

この教行証を、親鸞聖人は総序※1で

> ここに愚禿釈の親鸞、慶ばしいかな、西蕃・月支の聖典、東夏・日域の師釈、遇いがたくして今遇うことを得たり。聞きがたくしてすでに聞くことを得たり。真宗の教行証を敬信して、特に如来の恩徳の深きことを知りぬ。ここをもって、聞くところを慶び、獲るところを嘆ずるなりと。
>
> （真宗聖典　一五〇頁）

と表明しています。少し大らかにその意味を取ってみましょう。「ここに煩悩の身である私が、世親と曇鸞の『大経』の伝統によって大乗の仏道を明らかにする責任をいただき、愚禿釈の親鸞と名告るのです。仏教に遇うことも聞くことも難しいこの身が、インド・中央アジアの論師、並びに中国・日本の七祖が顕らかにした浄土真実の教行証を、全身全霊を挙げて敬い信じることによって、一切衆生を包んではたらく阿弥陀如来の大悲と、それを説いてくださった釈迦如来の恩徳が、何と深いことかを知らせていただきました。だからこそ釈迦如来と阿弥陀如来の二尊の恩徳に報いて、聞き獲たところを讃嘆し、法然上人に教えられた本願の仏道が、大乗仏教の中で最も勝れていることを明らかにしたいと思います」。ここに『教行信証』を書かなければならなかった、親鸞聖人の願いが明らかに表明されています。この親鸞聖人の願いについては、後に改めて尋ねるとして、ここでは浄土真実を顕らかにした七祖の伝統の教行証を敬い信じる、という親鸞聖人の姿勢に注目してみましょう。

ここで親鸞聖人が言うように、『大経』の浄土真実を顕らかにする教行証は、どこまでも七祖から伝統されたものです。しかし、それを凡夫として敬信することができれば、この身に生きてはたらく仏道になるのです。この敬信、つまり師の教えに遇い「うやまいおおきによろこ」(真宗聖典　五〇五頁)ぶ信心に、徹底した凡夫の目覚めがありますしたがって『大経』の仏道は、凡夫の自覚があれば教行証が実際にこの身に生きてはたらきますが、それがなければすべてが観念論に転落します。この凡夫の自覚こそが親鸞聖人の立脚地です。

　このことから「顕浄土真実教行証」という題号を、ここでは七祖が伝えてくださった「浄土真実を顕かにする教行証」と読まなければならないと思います。さらにその意味は、学問的な観念論ではなくて、宿業※2の身に生きてはたらく仏道を表しているのだと思われます。要するに、七祖から伝えられた教行証を敬信して、今、凡夫のままで大いなる本願の一乗海（浄土真実）に包まれていると伝えようとしているのです。ここに『法華経』を中心にする聖道門の学問とは異質な、実践の仏道としての『大経』の性格がよく表されている題だと思われます。

　このように教行証とは、実際に生きてはたらく仏道を意味しますので、「顕浄土真実教行証」という題号は「一切の人に生きてはたらく実践の仏道ここにあり」と、宣言していることになります。この堂々とした親鸞聖人の宣言を、この題号によく聞き取るべきであると思います。

※1　**総序**　『教行信証』の冒頭にある全体にわたる序。『教行信証』ではこのほかに、信巻冒頭に「別序」、化身土巻の巻末に「後序」がある。〔六～八頁図参照〕

※2　**宿業の身**　私たちの身は自分ではどうにもならない歴史をもっているということ。顔や姿が先祖に似ていたり、考え方や価値観も生まれ育った環境によってつくられていく。自分ではどうにもならないことを運命的に担わされていることを、宿業の身と言う。

7　文類について

文類（もんるい）とは、大切な文章を集めることです。『教行信証』は、三経を中心にする経典、七祖を中心にする論、そして註釈書の三つの文類を集めて構成されていますが、この形式は親鸞聖人以外にはあまり見られない方法です。親鸞聖人の時代の新刊書に、中国の宗暁（しゅうぎょう）が編纂した『楽邦文類（らくほうぶんるい）』があります。『教行信証』には何度も引用されますので、親鸞聖人は宗暁から文類という方法を教えられたのではないかと推測されます。特に親鸞聖人の『顕浄土真実教行証文類』、『浄土文類聚鈔』、『浄土三経往生文類』等の主な著作は、この文類という方法を採りますので、親鸞聖人の独特の思いの込もった方法であると思われます。

『浄土文類聚鈔』の総序には、文類にする理由が次のように述べられています。

ここに片州の愚禿、印度西蕃の論説に帰し、華漢・日域の師釈を仰いで、真宗の教行証を敬信す。特に知りぬ、仏恩窮尽し叵ければ、明らかに浄土の文類聚を用いるなり。（真宗聖典　四〇二頁）

とあります。ここでは、ほぼ直訳してみましょう。「世界の片隅にある日本の愚禿である私は、インド・中国・日本の七祖が顕らかにしてくださった浄土真実の教行証を、仰ぎ敬い信じるだけです。特に凡夫の私には、仏恩を讃えることが不可能なので、三経の文類、論書の文類、註釈書の文類を用いて讃嘆したいのです」。この文は、『教行信証』の総序と同じ趣旨の文章です。

「仏恩窮尽し叵ければ、明らかに浄土の文類聚を用いる」とありますが、この「叵」という字は「可」を反対にした字で、不可能という意味です。ここに、「愚禿」の身で二尊の深い恩徳を讃嘆するという不可能を成し遂げるためには、文類という方法を採らざるを得なかった親鸞聖人のお立場が、よく表されています。言うまでもなく愚禿とは、親鸞聖人の凡夫の目覚めを表します。仏恩を讃嘆する時に、凡夫の実感を申し上げるわけにはいかないから、先人の文類を用いると言うのです。ここを立脚地として書かれるのですから、『教行信証』を拝読する時には、凡夫の目覚めを外しては読めないのだと思います。

8　題号釈のまとめ

さて、ここまで『顕浄土真実教行証文類』という題号を尋ねてきましたが、注意すべき大切なことがいくつかありました。まず第一は、「浄土真実」という言葉は、『大経』の伝統の中で重要な言葉である「真実功徳」と同じ意味ですので、浄土で切ってはいけないということです。

その次は、「教行証」とは生きてはたらく仏道を表す、実践の言葉であるということです。その実践を支えているのは凡夫の自覚ですが、凡夫だからこそ文類という方法を採らなければならなかったということです。

これらを踏まえて、この題号を「浄土真実を顕かにしている、七祖が伝統してくださった教行証を、愚禿が文類して」二尊の恩徳を讃嘆したい、と読みたいと思います。

いかにも難しい題号ですが、大切なことは、阿弥陀如来の涅槃の覚りが「浄土真実」という言葉で表されていることです。私たちは世間のことで、多少満足を得ることがないわけではありません。しかしそれは不満足といつも裏表です。いいことも悪いことも、気に入ることも気に入らないことも、生きることも死ぬことも、一切のことが私自身であった。私が私で本当に良かったという絶対満足を与えて、自分の人生の全体に手を合わせていけるような道を開くのが、この「浄土真実」です。

本願の名号を「敬信」する時、教行証としてこの煩悩の身に「浄土真実」が実現されて、願生浄土という仏道に立たされるのです。親鸞聖人がご自身の身となってはたらく涅槃の真実を、教、行、証それぞれの面から表されたものが『教行信証』ですから、少しずつ読み進めながら、その大切な意味を読み取っていきましょう。

第二章　『教行信証』制作の理由

1　立教開宗の願い

さてここからは、親鸞聖人がなぜ『教行信証』を書かなければならなかったのか、その理由を尋ねたいと思います。いくつかの理由が考えられますが、曽我量深先生が『教行信証』制作の〝理由〟は総序に書かれており、〝事情〟は後序に書かれているというご指摘をされていますので、まず総序によってその理由を尋ねてみましょう。

総序では、『大経』によって立教開宗を明らかにしている文に、その理由がよく表されていると思われます。

> ここに愚禿釈の親鸞、慶ばしいかな、西蕃・月支の聖典、東夏・日域の師釈、遇いがたくして今遇うことを得たり。聞きがたくしてすでに聞くことを得たり。真宗の教行証を敬信して、特に如来の恩徳の深きことを知りぬ。ここをもって、聞くところを慶び、獲るところを嘆ずるなりと。
>
> （真宗聖典　一五〇頁）

この文の意味は、先に述べましたのでここでは省略します。この文には、親鸞聖人の知恩報徳の願いと、『教行信証』を書かなければならなかった理由が表明されています。

これまで述べてきたことを踏まえて、この文章で注意すべき点を、いくつか挙げてみましょう。まず第一は、『大経』で救われなければならないのは、「愚禿」という凡夫の自覚をもった者だということです。第二は、本願の名号とその伝統を敬信する、信心によって救われるということです。第三は、他力の信心に、比べる必要のない広大な誓願一仏乗の世界が開かれて、本願によって凡夫が必ず仏に成るということです。ここに、『大経』こそ真実の教であるという、親鸞聖人の絶対の自信が窺われます。

2　出世本懐経

そもそも大乗仏教には、この教典を説くために世に出てきたと、釈尊ご自身が宣言している、出世本懐経と言われる経典があります。その有名なものは『法華経』です。そうであれば『華厳経』とか『涅槃経』などの他の大乗経典は、『法華経』をピラミッドの頂点にして、出世本懐の意味を明確にするために、下から支えていると理解することができます。

ところが不思議なことに、もう一つ出世本懐経があるのです。それが『大無量寿経』です。同じ大乗仏教の中に、なぜ二つも出世本懐経があるのか。『法華経』は聖道門の自力の経典ですが、『大経』は浄土門の他力を説く経典です。まずこの違いを明らかにしておきましょう。

『法華経』は、最も優れた仏弟子である舎利弗に説かれます。釈尊がある日、「これまで声聞※1・縁覚※2の二乗を超えて大乗の菩薩※3になれと説いてきました。しかし、大切なのは声聞・縁覚・菩薩の三乗ではなくて、分別を超えた一仏乗の法なのです」と述べられます。そうすると舎利弗が、どうかその一乗の法を説いてくださいと要請します。ところが釈尊はそれを断って、また舎利弗が要請して…、ということが三度繰り返されます。そして四度目にやっと説き出されるのが一乗の法です。

ですから、それは声聞・縁覚・菩薩の三乗には理解しがたいのでしょう。しかし、舎利弗のたっての願いに応えて、説かれることになります。それを「三止三請」と言いますが、その様子を見ていた五千人の仏弟子たちは、その場を退出していきます。これまでの教えで悟ったと過信していたのでしょう、その仏弟子たちを増上慢と言います。このように『法華経』は、一乗の法を一握りの優れた仏弟子たちに説かれた経典なのです。

それに対して『大経』の方は、阿難を対告衆（聞き手）として説かれます。阿難は釈尊のいとこで、釈尊が入滅されるまでおそばでお世話をされた常随昵近の仏弟子です。釈尊は入滅にあたって、侍者としての阿難を褒めて深い感謝を述べていますから、阿難は気配りの効いた優しい侍者であったことに違いはありません。それにもかかわらず阿難は、釈尊のお元気な間は覚りを悟れなかった未離欲の仏弟子と伝えられています。ですから、釈尊の入滅後に開かれた第一回目の仏典結集に、最初は出席することが許されなかったようですが、実際には誰よりも釈尊の教えを聞き覚えていた多聞第一の仏弟子として、阿難が最も貢献したのです。このような未離欲の仏弟子である阿難に説かれたのが、『大経』の阿弥陀如来の本願の教えです。

『法華経』では少数のエリートの仏弟子に説かれますし、『大経』では未離欲の阿難に説かれます。この対告衆の違いに、二つの出世本懐経の特徴がよく現れていると思われます。

※1　**声聞**　真面目に教えを聞き自己の完成のみを求める仏弟子。

※2　**縁覚**　独覚とも言われ、師なくして一人で覚りを悟った仏弟子。

※3　**菩薩**　自利の行として菩提を求め、利他の行として他を利益する仏弟子。

＊大乗仏教では声聞・縁覚を二乗と言い、自利のみで利他がないと批判して自利利他が円満した菩薩になることを目指す。

3　仏道の方向性

さて、ここで分かり易いように、二つの仏道の修道体系を考えてみましょう。釈尊は覚りを悟る前に前正覚山と呼ばれる山で、六年間の命がけの苦行を重ねました。まさにガンダーラの苦行仏のように目は落ち窪み骨と皮だけに痩せて、尼連禅河を渡ろうとして流され、村娘のスジャータに助けられ乳粥を与えられて蘇るのです。そして、そこから一キロほど離れた所にある金剛法座の上で覚りを悟ります。この仏伝を基に、修行によって覚った釈尊をモデルにして修道体系が立てられるのが、『法華経』を中心とする聖道門です。

『菩薩瓔珞経』や『十地経』・『華厳経』「十地品」等によって、十信、十住、十行、十回向、十地、等覚、妙覚という階段を登るような菩薩の五十二位が設けられます〔次頁図参照〕。最初の十信位の者は、できの良くない凡夫という意味で外凡夫と言います。十住、十行、十回向のよくできる凡夫を内凡夫と言います。十地からは菩薩で

菩薩の五十二位

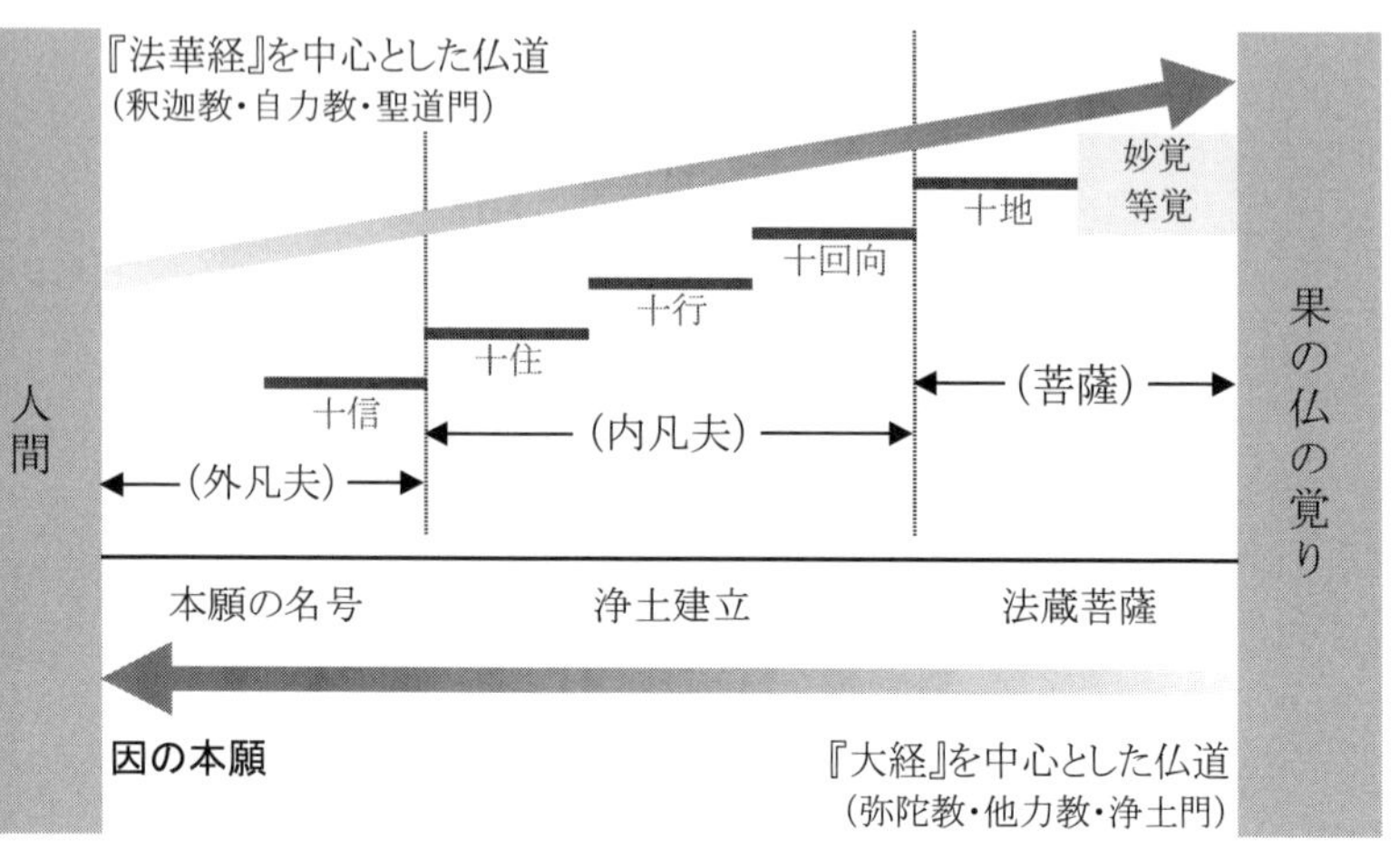

す。初歓喜地から始まって、七地沈空※の難関を越え、如来の覚りに等しい等覚と如来の覚りそのものである妙覚へ、というように、菩薩の修行の階梯が建てられます。

これは、釈尊がモデルですから釈迦教と言い、自力を本にしていますから自力教とも言います。また、聖人になり釈尊と同じように覚りを悟る道ですから聖道門とも言います。このように浄土門以外の大乗仏教は、すべて人間から仏の覚りへという方向をもつのですが、その中心に『法華経』があるのです。

それに対して『大経』の方は、仏の覚

りから人間へという反対の方向をもちます。

> 法身は、いろもなし、かたちもましまさず。しかれば、こころもおよばれず。ことばもたえたり。この一如よりかたちをあらわして、方便法身ともうす御すがたをしめして、法蔵比丘となのりたまいて、不可思議の大誓願をおこして、あらわれたまう御かたちをば、世親菩薩は、尽十方無碍光如来となづけたてまつりたまえり。
>
> （真宗聖典　五五四頁）

と、親鸞聖人が述べられるように、阿弥陀如来（法身）の覚りの方から法蔵菩薩として起ちあがり一切衆生を救いたいという大誓願をおこして浄土を建立し、その浄土で一切衆生を救い遂げるために名号にまでなって、如より来生しているのです。

『法華経』と『大経』とが、逆の方向をもつのはなぜでしょうか。それは、いかに素晴らしい階梯が建てられたとしても、釈尊は苦行が実って覚りを悟ったのか、それとも苦行とは無関係だったのかは、釈尊に聞かないと分かりませんが、入滅以来遥かに時間が過ぎましたから、それはもう不可能です。もし苦行とは無関係なら、修行の階梯は成り立ちませんし、仮に成り立っても、ほんの一握りの優れた菩薩のための教えにしかなりません。

ですから七祖の一人である道綽禅師は、末法において聖道門は成り立たないという理由に、「一つには、大聖去ること遙遠なるに由る。二つには、理深く解微なるに由る」（大八木興文堂発行『真宗聖教全書』第一巻・四一〇頁）と、つまり「一つには、釈尊の入滅以来遥かな時間が経っている。二つには、覚りはあまりにも深遠で、凡夫には理解できない」という二つを挙げておられます。ですから、いかに優れた菩薩でもまだ得ていない覚りは、結局はその菩薩の理想に過ぎません。菩薩の理想と仏の覚りとはまったく違うでしょう。道綽が「二つには、理深く解微なるに由る」と挙げるのは、仏の覚りは人間には分からないということでしょう。

もう少し広やかに考えてみましょう。皆さんはどうなったら死んでいけますか、救いとはどんなことでしょうか。いろいろと考えてもよく分かりません。結局頭に浮かぶのは、豊かに、快適に、便利に速く、健康で長生きくらいです。人間は欲の塊ですから救いと言っても欲の延長でしか考えられませんが、それは本当の救いにはなりません。それどころか原発に象徴されるように、欲のために人類は滅びようとしています。人類の救いが本当に分かるのは、その欲を突き抜けた仏さまの覚りだけです。だから『大経』は、阿弥陀如来の覚りの方から起ちあがって、一切衆生の救いを誓うのです。

その本願について少し説明しておきましょう。仏さまは阿弥陀如来だけではありません。大日如来（だいにちにょらい）や、毘盧遮那仏（びるしゃなぶつ）をはじめたくさんの仏さまがいますが、仏さまになる前はみんな菩薩です。菩薩は、自利と利他を実現して仏に成りたいと言う本願を、みんなもっています。その共通の本願は四弘誓願ですので、それを総願といいます。ところが阿弥陀如来だけはそれ以外に、本願の名号を信じる信心によって一切衆生を救いたいという別願をもっています。いずれにしても菩薩の本願が実現して仏さまに成るのですから、本願は因で仏の覚りはその果です。

このことから言えることは、自力を本にする聖道門は、衆生の修行を因として果の覚りを求め、それによって仏に成る道です。因の修行の努力と果の仏の覚りとの必然性はどこにもありません。ですから、万に一人も覚りを悟れないと言われるのです。

それに対して、本願力を本にする浄土門は、因の本願に帰る仏教です。特に、法蔵菩薩は覚りの座から起ちあがり、一切衆生の宿業の身と一つになって「念仏を称えて、我が国に帰れ」と叫んでいるのですから、その本願の声を聞くためには凡夫の身に帰るほかはありません。宿業の身の問題は理性や分別では解けませんから、それが身体一杯になった時には、大地に身を投げ出して救いなどどこにもないと、一人称で泣きわめくほかはありません。その時に、すでに凡夫であることを見抜き、大いに悲しんで、本願の名号を称えて我が国に帰れと呼んでいる本願の声が聞こえるのです。

「五劫思惟の願」に宿業の身の「親鸞一人」が帰命して、因の本願力によって必ず果の仏に成る者へと蘇るのです。なぜなら本願力は、果の覚りの座から「十方衆生」のために起ちあがったのですから、因の本願に帰すれば「一切衆生」が本願力によって果の仏に成るのは必然なのです。

※　**七地沈空**　菩薩が空（くう）を悟って、求めるべき仏も教化すべき衆生も空であると、空の

覚りに沈んで動かなくなること。菩薩の五十二位〔四〇頁図参照〕の十地（①歓喜地 ②離垢地 ③発光地 ④焰慧地 ⑤難勝地 ⑥現前地 ⑦遠行地 ⑧不動地 ⑨善慧地 ⑩法雲地）の中、⑦と⑧の間にこの難関がある。この難を乗り越えて、仏の覚りは限りなく深く、救うべき衆生を見出して遊ぶが如く教化する菩薩に蘇った位が⑧。

4　仏道の異質性

大乗仏教の中に『大経』と『法華経』という二つの出世本懐経があり、それぞれが逆の方向をもつ仏教であることを尋ねてきました。『法華経』は聖道門の教えであり、自力で修行して菩薩にまで登りつめ、仏の覚りを悟る道です。人間から仏へという方向をもっています。しかし、たとえ覚りが得られたとしても、それは優れた少数の菩薩だけでしかありません。

それに対して『大経』は、修行もできなければ仏の覚りなどに興味もない群萌を救う、浄土門の教えです。それは、果の覚りの方から法蔵菩薩として起ちあがって大誓願を発し浄土を建てて、本願の名号によって一切衆生を迎え取り、仏の因である本願力によって成仏を果たし遂げる他力の仏教です。こちらの方は仏から人間へという、聖道門とは逆の方向をもっています。

このように、『法華経』を中心にする聖道門と、『大経』を中心にする浄土門とは、同じ大乗仏教でも全く異質なのです。この質の違いが原因して、同じ言葉を使っても方向と意味が違うために、議論してもすれ違っていくのです。ここに、後にふれますが、法難にまで発展しなければならなかった、根源的な理由があるのだと思われます。

しかし釈尊の教えですから、どちらの経典も仏道には違いありません。大乗仏教を木に譬えると、『法華経』は覚りの華を象徴していますが、『大経』は大地に広がって全体を支える、法の根を象徴していると言われています。

親鸞聖人は若い頃、比叡山で『法華経』を中心にする学風の中で学びましたが、覚りを悟ることができませんでした。二十九歳の時に、比叡山を下山して六角堂(ろっかくどう)に参籠(さんろう)

し、出家の僧侶として覚りを求めるか、それとも還俗するかで苦しみます。その参籠中に「行者宿報設女犯」との聖徳太子の夢告を受け、浄土教だけが還俗しても救われる道であると決断し、吉水の法然上人に会いに行くのです。※

そして『歎異抄』第二章（真宗聖典 六二七頁）にあるように、法然上人の「ただ念仏して、弥陀にたすけられまいらすべし」という教えによって「いずれの行もおよびがたき身なれば、とても地獄は一定すみかぞかし」と、自力では絶対に救われないという目覚めを得て、『大経』の本願を真実教と仰ぐ仏者になっていきます。ですから親鸞聖人は、覚りを悟ったのではなく、凡夫のままで涅槃の一如の覚りに包まれた、凡夫の仏者であると言えるでしょう。ここに愚禿と名告られた側面を見ることができます。

※　親鸞聖人は、「行者宿報設女犯　我成玉女身被犯　一生之間能荘厳　臨終引導生極楽」（真宗聖典 七二五頁）という救世菩薩（聖徳太子は救世菩薩の生まれ変わりと伝えられている）の夢告を受けて、法然上人に会いに行く。

5　五劫思惟のご苦労と智慧の光

ところが、親鸞聖人は次のように表明しています。

しかるに常没の凡愚・流転の群生、無上妙果の成じがたきにあらず、真実の信楽実に獲ること難し。

（真宗聖典 二一一頁）

「阿弥陀如来の本願力によって仏に成るのだから、仏に成ることは難しくはない。しかし真実の信心を獲ることは衆生の最大事件だから、それが実に難しい」と言われるように、親鸞聖人でさえ二十年もの年月がかかったのですから、「本願に帰す」ということが実に難しいのです。

比叡山の修学から六角堂参籠を経て、ようやく法然上人の教えで信心を獲た親鸞聖人の感動の言葉が、『歎異抄』の後序に「聖人のつねのおおせ」として記されています。この文は大切ですから、できれば皆さんも覚えてください。

弥陀の五劫思惟の願をよくよく案ずれば、ひとえに親鸞一人がためなりけり。されば、そくばくの業をもちける身にてありけるを、たすけんとおぼしめしたちける本願のかたじけなさよ
（真宗聖典　六四〇頁）

このお言葉は、次のような意味でしょう。「『大経』に説かれている法蔵菩薩が五劫もかかって思惟されたというご苦労を、今、念仏に帰してよくよく憶い知らされてみれば、永遠に救われることのない親鸞一人のためであった。そうであれば、同じように宿業の身に喘ぐ一切の衆生を救いたいと、大悲によって起ちあがってくださった本願がどれほど有り難いことか」。

このように親鸞聖人は「念仏もうさんとおもいたつこころ」（真宗聖典　六二六頁）の中に「たすけんとおぼしめしたちける本願」を感得して、法蔵菩薩の因位のご苦労である「弥陀の五劫思惟の願」を、実に主体的に感謝しています。要するに、永遠に

救われない親鸞一人を救い取らんとして、五劫もの間、思惟した法蔵菩薩のご苦労こそ如来の大悲ですが、それをこの身にいただいたという、深い感銘と感謝の表明でしょう。

『大経』に説かれる法蔵菩薩の物語は、私たちにとっては神話のようで、人ごとのようにしか聞こえません。しかし親鸞聖人は、「念仏もうさんとおもいたつこころ」を「正信偈」で「帰命無量寿如来　南無不可思議光」と表明した後すぐに、「たすけんとおぼしめしたちける本願」のご苦労を「法蔵菩薩の因位の時、世自在王仏の所にましまして、諸仏の浄土の因、国土人天の善悪を覩見して、無上殊勝の願を建立し、希有の大弘誓を超発せり。五劫、これを思惟して摂受す。重ねて誓うらくは、名声十方に聞こえん」と詠われます。その後に

あまねく、無量・無辺光、無碍・無対・光炎王、清浄・歓喜・智慧光、不断・難思・無称光、超日月光を放って、塵刹を照らす。一切の群生、光照を蒙る。

（真宗聖典　二〇四頁）

と、阿弥陀如来の智慧の十二光が讃嘆されるのです。「無量・無辺の阿弥陀の智慧の光は、鏡にはね返されるような太陽や月の光を超えた光として、今、私の無明（むみょう）の闇にまで届いた碍（さわ）りのない光です。人間の知識では絶対に知ることができない自己の全体を、すでにして永遠の昔から凡夫と見抜いて、碍りなく無量に照らし出していました。相対分別を破って絶対の凡夫に安住させる歓喜に満ちた如来の智慧こそ、一切の群生を救い取る智慧の光なのです」という意味でしょう。

それまで人ごとのようにしか聞こえなかった法蔵菩薩の物語が、「念仏もうさんとおもいたつこころ」に今初めて、人間存在の全体を照らし出す阿弥陀如来の智慧の光としてはたらき出てくださった。その如来の智慧のはたらきこそ大悲であると、感謝しているのではないでしょうか。法蔵菩薩の五劫思惟のご苦労こそが、「親鸞一人」を永遠の凡夫であると見抜いた、絶対の智慧なのです。

この表明に、親鸞聖人の求道のご苦労が偲ばれます。凡夫の身の闇が智慧の光に照らされて、本願力への謝念に転じられています。人として宿業の身に苦しまない者は、誰一人としていません。ここに、いつでもどこでも誰でも（十方衆生）が、必ず本願力へ帰ることができるという、『大経』の仏道への絶対の信頼が生まれるのです。

大乗仏教の歴史は、『法華経』を中心とする精緻な学問を本道として伝統されてきました。しかし、学問や理性をどれほど組み立てても人は絶対に救われません。釈尊の説かれる法は、生きとし生けるものの本来性ですが、人間は自我を中心にする理性や分別でそれを失ったのです。その法を実践としてわが身に回復することが、『大経』の生きた仏道です。その『大経』の実践の仏道体系を、「地獄一定（いちじょう）」のこの世に命を賭けて捧げたい。『大経』こそ誓願によって凡夫の身に一仏乗（分別を超えた仏の覚り）を実現するのですから、宿業に喘ぐ一切衆生に阿弥陀如来の本願の世界を公開して、師の恩徳に報いたい。ここに親鸞聖人が『教行信証』を制作しなければならなかった、根源的な理由があると拝察いたします。

第三章　『教行信証』制作の事情

1　「後序」全体の構造

それでは『教行信証』の最後に記されている「後序」によって、親鸞聖人が『教行信証』を書かなければならなかった、当時の事情を尋ねてみましょう。後序は

> 竊かに以みれば、聖道の諸教は行証久しく廃れ、浄土の真宗は証道いま盛なり。
> （真宗聖典　三九八頁）

という言葉から始まります。このお言葉は「阿弥陀如来の本願をよくよく憶ってみますと、聖道門は行と証が廃れてから長い時間が経ちました。それに対して浄土真宗は、今この身に如来の本願による往生の証道が実現して盛んです」という意味ですから、法然上人の念仏の教えが、親鸞聖人をはじめとして、たくさんの人に生き生きと伝わっていたことが窺えます。

したがって後序は、まず最初に「聖道の諸教は行証久しく廃れ」た証拠として、親鸞聖人は、大きな怒りを込めて承元の法難について述べ、それが元で「真宗興隆の大祖源空法師」、つまり「日本で真宗を興された師の法然上人」が亡くなったことが述べられます。

それに続けて「浄土の真宗は証道いま盛なり」という証拠として、親鸞聖人と法然上人との出遇い、浄土門独立の宣言書である『選択集』の書写をとおして法然上人の仏教を師資相承したことが述べられます。そして、往生が今親鸞の身に決定したことを、「悲喜の涙を抑えて由来の縁を註す」、つまり「凡夫の悲しみと法にあった歓喜の涙を抑えて、それが由ってきた法然上人とのご縁を記す」という言葉で結ばれます。

そして最後の段では「これに因って、真宗の詮を鈔し、浄土の要を摭う」、つまり「承元の法難を契機として、法然上人の仏教を継承した責任から真宗の要になる経・論・釈を文類したい」という願いで締めくくられるのです。年代順にたどれば、法然上人に出遇ったのは二十九歳ですし、承元の法難は三十五歳の出来事です。ところが後序は、承元の法難の方が先に書かれますので、『教行信証』が書かれた最大の事情は、この法難であると考えられます。

2　承元の法難

承元の法難は、親鸞聖人が三十五歳（一二〇七年）の時の、法然門下への最大の弾圧でした。それが、後序では次のように記されます。

> ここをもって興福寺の学徒、太上天皇諱尊成、今上諱為仁　聖暦・承元丁の卯の歳、仲春上旬の候に奏達す。主上臣下、法に背き義に違し、忿を成し怨を結ぶ。
>
> これに因って、真宗興隆の大祖源空法師、ならびに門徒数輩、罪科を考えず、猥りがわしく死罪に坐す。あるいは僧儀を改めて姓名を賜うて、遠流に処す。予はその一なり。
>
> （真宗聖典　三九八頁）

これは、次のような意味です。「興福寺の貞慶が怨によって起草した念仏停止の訴え状が、承元元年の三月上旬に後鳥羽上皇と土御門院によって取りあげられ、承元の法難が決行されました。朝廷も臣下も、天下の大法に背き、正義に違い、根拠のない怒りによって、訴え状を採択したのです。罪状についての正しい詮議もされないまま、真宗を弘めていた法然上人、ならびに門徒数名が死罪、あるいは僧籍を取り上げられて俗名を与えられ、遠流に処された。私はその一人である」。『歎異抄』（真宗聖典 六四一～六四二頁）の流罪の記事と合わせてみますと、西意、性願、住蓮、安楽の四名が死罪、僧分のまま世間の法で裁くことができませんので還俗させて、法然は藤井元彦という俗名で土佐に遠流、親鸞は藤井善信という俗名で越後に遠流、以下、浄円、澄西、好覚、行空、幸西、善恵の八人が遠流となっています。

歴史上でもまれに見る大弾圧で、これによって法然の大乗仏教運動は大打撃を受けるのですが、一体なぜこのような法難が起こったのでしょうか。

元々法然上人は天台宗に所属していて、大蔵経（一切経・仏教典籍の集大成）を五回も読んだと言われる天才的な学僧でした。「智慧第一の法然房」と呼ばれていたのですから、そのまま比叡山にいれば天台座主（上首・最高位の僧）になっていたでしょう。ところが四十歳を過ぎた頃に、「仏教について知らないことは何一つない。ただ自分が救われていないことが問題だ」と言って山を下りるのです。その頃の心境を、法然上人は次のように述べています。

> 三学のほかにわが心に相応する法門ありや。わが身にたへたる修行やあると、よろずの智者にもとめ、もろもろの学者にとぶらふしに、おしふる人もなく、しめすともがらもなし。
>
> （『真宗聖教全書』第四巻・六八〇頁）

「わが身は、戒律を保ち、禅定を修行して、智慧を開覚するという、聖道門の三学の器ではありません。煩悩を断って真理を証る（断惑証理）という聖道門のほかに、煩悩の身にふさわしい仏道はないのかと悩んで、師を求めてたくさんの人を訪ねたが、遇うことができなかった」。そしてついに法然上人は四十三歳の時、中国の善導大師の「一心専念弥陀名号」という『観経疏』の言葉に遇って、本願の教えに救われるのです。

それ以降、吉水の地で庶民に仏教を伝える布教活動に専念します。弟子の数は三百八十余名と伝えられていますから、四百名に近い学僧がいたと思われます。しかもそれだけではなく、当時摂政関白であった九条兼実（くじょうかねざね）をはじめとする貴族から、盗賊や人殺し、身を売って生きていた人々までが、上人の念仏の教えの下に集っていました。出家して戒律を守る専門家の聖道門の仏教とは違って、性別や身分に関わりなく仏教の教えに集う温かな人間の関係、つまり大乗の僧伽（さんが）と言われるような吉水の教団が実現していたのです。

ところが聖道門の眼から見れば、燎原（りょうげん）の火のように広まっていく念仏の教えは、妬ましくもあり脅威でもありました。それ以上に許せなかったのは、法然上人が日本の八宗を捨て、中国の仏教を直接受け継いで浄土教を独立させたことでした。念仏の教えはすべての仏教の根底に流れてはいますが、それまでは一つの独立した宗とは認められていませんでした。それを仮に宿を取っている仏教という意味で、寓宗（ぐうしゅう）と呼ばれますが、その寓宗を一つの宗として聖道門から独立させたのですから、比叡山や南都（なんと）

の既成教団が、怒り心頭に発していたのです。その妬みや怨から興福寺の貞慶が、念仏停止の訴え状、「興福寺奏状（こうふくじそうじょう）」を出したのです。

3　興福寺奏状

興福寺の奏状は、「第一　新宗を立つる失」から「第九　国土を乱る失」までの九箇条[※1]を掲げて浄土門を非難し、「八宗同心の訴訟[※2]」という名目で、一二〇五（元久二）年の十月に公家たちに提出されたものでした。これを見て分かるように、まず第一に非難していることは、法然上人が浄土宗を独立させたことです。最後の九番目では、念仏衆は戒律も保たず素行が悪いので、念仏が広まれば日本全体が乱れる、というように九箇条もの批判を重ねます。そして、日本八宗の総意であるとして、一二〇五（元久二）年に公家たちに提出されたのです。つまり、承元の法難が起こる一年半も前に提出されていたのですが、法然上人の優れた人徳から、朝廷がその処置を留めていたのです。

当時、法然上人は朝廷や公家たちから絶大の尊敬と信頼を得ていました。四十三歳で浄土教の布教を始めますが、世間の名誉や地位に見向きもしないで、ひたすら念仏の教えを弘めていました。

また、法然上人は一一八一年、四十九歳の時、源平の戦いで焼け落ちた東大寺の再建のための大勧進職（だいかんじんしょく）に推挙されます。東大寺は天皇家の菩提寺ですから、国の威信に賭けて再建しなければならなかったのです。そのためには、莫大な資金が必要になりますから、日本で一番有名な法然上人が推挙されたのです。大勧進職とは、今風に言えば、国家プロジェクトの長官職ですから大変な名誉です。ところが法然上人は、その職を固辞して名誉を弟子の重源（ちょうげん）に譲り、重源の下で東大寺は再建されるのです。

また一一八六年、五十四歳の時には、有名な大原問答（おおはらもんどう）※3が開かれます。比叡山と南都の学僧を合わせて五十人余り、門徒も入れると三百人を超える人の中で、法然上人に質問が集中しますが、法然上人はどこまでも凡夫という立場で、そのままで救われる本願の仏教を丁寧に説きます。前に述べたように聖道門と浄土門との質の違いから、なかなか議論は決着しませんが、凡夫の仏教を説く法然上人に、聴衆は自分たちの味方だと言って大喝采を送るのです。

聖覚法印が記した『大原談義聞書』によれば、法然上人は興福寺の奏状を書いた貞慶ともこの場で対決しています。貞慶は「聖道門はこの世で覚りを悟るけれども、浄土門は往生の後に修行を重ねて悟るのだから、聖道門の方が優れている」と、主張します。それに対して法然上人は、「それは自力の仏道で、他力の本願力によるものでないから、この世で覚りを悟るなどということは万に一つもないことです」と言います。その理由を「聖道門は頭で考えた学問としての仏教ですが、浄土門は凡夫のままで、本願力によってこの身に覚りの境涯を賜るのです」と、本願の仏道を説きます。法然上人にはまったくその意図がなかったとしても、その時法然上人の言った「現世の証入は万の一も之なし」(『昭和新修法然上人全集』・一〇九六頁)という言葉は、貞慶には「貴房も例に漏れず、自力で悟っていないではないですか」と聞こえたのではないでしょうか。聴衆も法然上人に喝采を送るのですから、貞慶の自尊心はいたく傷ついたのだと思われます。

法然上人自身は浄土教に回心して以来「愚癡の法然房」と名告るのですが、この大原問答を経て「智慧第一の法然房」という名が、これまで以上に広まったと伝えられています。

このように当代きっての学識を備え、人格も純潔そのもので、生涯戒律を守ったのですから、法然上人は朝廷や公家たちの尊敬を一身に受けていました。さらに奏状では「八宗同心の訴訟」と言われますが、南都と比叡山の足並みが揃っていないことが分かってきて、朝廷が念仏停止の処置をしばらく押さえていたのです。

ところが一二〇六（建永元）年十月に、後鳥羽上皇が熊野詣(くまのもうで)に出かけている間に、鹿ケ谷(しかがたに)で法然門下の住蓮・安楽が主催する法会(ほうえ)で御所の女房である鈴虫・松虫が出家したのです。それが風紀上の噂になり、上皇の逆鱗にふれて、次の年に、それまで留め置かれていた念仏停止が、突然断行されることになったのです。

※1　**九箇条の失**　興福寺奏状には、第一　新宗を立つる失。第二　新像を図する失。第三　釈尊を軽んずる失。第四　万善を妨ぐる失。第五　霊神に背く失。第六　浄土に暗き失。第七　念仏を誤る失。第八　釈衆を損ずる失。第九　国土を乱る失。とい

う九箇条の批判が掲げられ、それぞれに聖道門の言い分が記されている。

※2 八宗 奈良、平安時代に公認されていた、倶舎・成実・律・法相・三論・華嚴の南都六宗と天台宗・真言宗の八つの宗派のこと。

※3 大原問答 一一八六(文治二)年、天台宗の顕真の招請によって、法然が天台・三論・法相の諸宗の学僧と、大原の勝林院で浄土念仏の法門について問答をおこなったこと。大原談義とも言われる。

4 親鸞聖人の責任

このように承元の法難は、風紀上の噂が後鳥羽上皇の怒りをかって、正確な罪の詮議も充分でないまま断行されました。これによって法然上人の大乗の僧伽は、大打撃を受けます。それのみならず、法然上人は流罪が許され京都に帰ってすぐ、一二一二(建暦二)年一月二十五日の昼頃、八十歳で亡くなるのです。この流罪によって、親鸞聖人は師の法然上人と二度と会うことはありませんでした。

　後に残された親鸞聖人は、何を思ったでしょうか。この流罪によって何の罪もない「真宗興隆の大祖源空法師」の一門が、あたかも邪宗門であるかのような汚名を着せられ、法然上人の大乗仏教運動が権力によって押し潰されたのです。このように地上の教団は権力によっていつでも潰される。それに潰されないで法然上人の思想を責任をもって残すとしたら、著作しかないと考えたのではないでしょうか。

　この後序には、「『選択本願念仏集』は、禅定博陸月輪殿兼実・法名円照の教命に依って撰集せしむるところなり」（真宗聖典　四〇〇頁）と、『教行信証』中ただ一人、法然門下の実名が挙げられています。もちろん九条兼実のことですが、彼は、法然上人が六十六歳（一一九八年）の時、最初の法難である元久の法難（一二〇四年）が起こる六年前に、三顧の礼を尽くして法然上人に著作を残すように願い出るのです。兼実の強い要請によって『選択集』が書かれるのですが、彼は摂政関白ですからもしかしたら独特の政治勘で、法然門下に不測の事態が起こることを察知していたのかもしれません。

さらに兼実は、法然門下の刑罰が決まる時に、高齢の法然上人でも耐えられるようにと、越後のような厳しい地を避けて暖かい土佐に配流されるよう、渾身の努力をします。そして土佐に決まった一年後に、兼実は身労のために命を落としているのです。ですから実際に法難に連座していなくても、承元の法難によって命を落とした法然門下という意味で、ここに実名を挙げているのかもしれません。

しかしここでは、『選択集』を撰集せしめた人としてその名が挙げられているのですから、歴史上に『選択集』という書物を残した功績がどれほど大きいか。事実、承元の法難の後に残ったものは『選択集』だけです。その敬意を込めて、九条兼実の実名を挙げて、讃えたのだと思います。そして、この九条兼実が身をもって示した教えに従って、親鸞聖人は著作を残す決心をし、六十歳を過ぎた頃に『教行信証』を完成させるために、京都に帰ったのではないでしょうか。

このように、承元の法難を契機に、親鸞聖人は、法然の仏教を何としても後世に残さなければならない責任を担うのです。その一つは、吉水の僧伽のような大乗の教団を、もう一度この世に再生しなければならない。その責任が、親鸞聖人を関東での教化に駆り立てたのだと思われます。しかしこの世の教団は承元の法難で思い知らされたように、権力によっていつでも潰される。ですからもう一つは、権力によっても絶対に潰されない思想的な責任、それが親鸞聖人を『教行信証』の制作へと駆り立てたのです。

つまり大乗の僧伽の再生と、『教行信証』の制作、この二つが、法然上人の仏教運動に参加し、流罪に連座した者として、親鸞聖人が担った責任です。その思いを石に刻むように、『教行信証』の流罪の記事の最後に「予はその一なり」と記したのでしょう。要するに『教行信証』制作の事情は、承元の法難をはじめとする聖道門との戦いであることをよく知っておいて下さい。

5　実名の名告り

「後序」によって『教行信証』を書かなければならなかった事情を尋ねていますが、前掲の承元の法難の記事に対して、「浄土の真宗は証道いま盛なり」と、親鸞聖人が堂々と表明する箇所を見てみましょう。その最初に「しかるに愚禿釈の鸞、建仁辛の酉の暦、雑行を棄てて本願に帰す」と、法然上人との出遇いによって念仏者として蘇った体験の意味を、「本願に帰す」と記しています。ここに『大経』の仏者の面目が輝いているのですが、それは少しずつ分かっていただけると思います。

ここでは、まず文章の冒頭の「愚禿釈の鸞」という実名の名告りから考えてみましょう。『教行信証』の中には、親鸞聖人が実名を挙げているところが五箇所あります。その五箇所を、前から順に挙げてみます。

1 「ここに愚禿釈の親鸞、慶ばしいかな、西蕃・月支の聖典…」
（総序　真宗聖典 一五〇頁）

2 「ここに愚禿釈の親鸞、諸仏如来の真説に信順して…」
（別序　真宗聖典 二一〇頁）

3 「誠に知りぬ。悲しきかな、愚禿鸞、愛欲の広海に沈没し…」
（信巻（悲歎述懐）真宗聖典 二五一頁）

4　「ここをもって、愚禿釈の鸞、論主の解義を仰ぎ、宗師の勧化に依って…」
（化身土巻（三願転入）　真宗聖典　三五六頁）

5　「しかるに愚禿釈の鸞、建仁辛の酉の暦…」
（後序　真宗聖典　三九九頁）

『教行信証』には総序と別序と後序の三つの序がありますが、全体の序である総序には「顕浄土真実教行証文類序」とい信巻の別序には「顕浄土真実信文類序」とい

う序の名が付けられています。ところが後序にはそれがありませんので、仮に後序と呼んでいますが、それについては後に言及します。ともかく三つの序に名告りを挙げていますが、正式に序の名が付いている箇所での名告りはすべて「愚禿釈の親鸞」というフルネームです。

この「愚禿」は、愚かな凡夫であるという自覚を表しています。「釈」は、釈尊の弟子であるという意味です。「親鸞」は、インドの世親と中国の曇鸞の一字ずつを取った名です。世親は菩薩という立場で、『大経』の論である『浄土論』を書きました。それに対して曇鸞は凡夫という立場で、『浄土論』の註釈書の『浄土論註』（以

下、『論註』）を著しました。ですから親鸞という名告りは、基本的に『大経』と『浄土論』・『論註』によるという意味です。以前にも述べましたが、『教行信証』は『大経』の伝統に立って法然の仏教が大乗仏教の中で一番勝れていることを証明するために書かれたものです。ですから、序の名が付いている総序と別序は、「愚禿釈の親鸞」という正式な名告りによって、大乗仏教の思想的な責任を果たしたいという、意志を表明しているのです。

それに対して後序では「愚禿釈の鸞」と記されます。この「愚禿釈の鸞」は、化身土巻の三願転入と言われる箇所にも出ています。この二箇所は、世親の「親」の字を落として「鸞」だけになっています。※曇鸞は七祖の中で初めて、南無阿弥陀仏による凡夫の目覚めを明確にした方です。親鸞聖人は、凡夫に目覚めた法然上人との出遇いを記した後序と、凡夫の懺悔を本願によって明らかにする三願転入の箇所では、大乗の菩薩を表す世親の名を落として、「愚禿釈の鸞」と凡夫の仏弟子という意味を込めて名告るのです。

最後に、信巻の「真仏弟子釈」の後に悲歎述懐が述べられますが、そこに「愚禿鸞」と出てきます。ここは、「親」も「釈」も落としています。この述懐は、凡夫の悲しみの絶唱ですから、仏弟子を表す釈まで落としたのです。しかし「真仏弟子釈」の述懐ですから、自分から仏弟子と名告る資格はないけれども、「すなわちわが親友（しんぬ）ぞと　教主世尊はほめたまう」（真宗聖典　五〇五頁）という思いが流れているのでしょう。

　このように親鸞聖人は、「愚禿釈の親鸞」という名告りの字の違いにも、これだけの意味を込めているのです。

※『論註』の讃嘆門釈に、「不淳・不一・不相続」と「三不信」が説かれて、七祖で初めて、本願の名号による凡夫の自覚が表されます。
龍樹の「易行品」には「儜弱怯劣（にょうにゃくこれつ）」とか「怯弱下劣（こにゃくげれつ）」という言葉が見られますが、それらは菩薩道に耐えられない菩薩のことですから、表向きは凡夫の自覚とは言えません。
世親の『浄土論』には、凡夫の目覚めを表す言葉は見られません。

6　雑行を棄てて本願に帰す

さて次の「建仁辛の酉の暦」という年号は、親鸞聖人が二十九歳の年（一二〇一年）ですから、法然上人に遇った時のことです。「雑行を棄てて、本願に帰す」とは、その時、自力の混ざった雑行を捨て去って、『大経』に説かれる阿弥陀如来の本願に帰した、と述べているのです。

その体験的な意味は『歎異抄』の第二章に次のように述べられますが、実に簡にして要です。

親鸞におきては、ただ念仏して、弥陀にたすけられまいらすべしと、よきひとのおおせをかぶりて、信ずるほかに別の子細（しさい）なきなり。（中略）そのゆえは、自余（じよ）の行もはげみて、仏になるべかりける身が、念仏をもうして、地獄にもおちてそうらわばこそ、すかされたてまつりて、という後悔もそうらわめ。いずれの行も

およびがたき身なれば、とても地獄は一定すみかぞかし。（真宗聖典　六二七頁）

この文は次のような意味です。「師法然上人の、ただ念仏して弥陀の本願にたすけられなさいという教えをいただいて、その教えを信じるほかに何もありません。その理由は、念仏以外の行で仏に成るはずの身が、念仏して地獄に堕ちたのならば、だまされたという後悔もあるでしょう。しかし、どんな行を励んでも仏に成るべき身ではないので、地獄こそ一定の住みかです」と、表明しています。

何ということでしょう。救いを求めて止まなかった親鸞聖人が、自力では絶対に救われない、「地獄一定」だと述べるのです。後序の「雑行を棄てて、本願に帰す」という言葉と合わせて考えてみますと、自力では救われないからこそ阿弥陀如来の本願によると述べていることになります。体験的に言えば、この自力無効こそが本願に目覚めるには必要な門なのです。ここに、『大経』の本願に救われた親鸞聖人の証拠が、表明されているのです。

7　人の世の愚かしさ

私たちは物心ついた時から、自我を中心に善し悪し、勝ち負けを考えて苦しんできました。悪いことをした時にはどうしてこんなことをしたのかと苦しみますし、負けた時には努力が足りなかったとか、能力がないからだと落ち込みます。それが自分の価値観によって苦しんでいるなんて思いもよりません。たとえ反省しても、自我の上の反省ですから、自我全体の在り方が分かるなんて不可能です。どんなに力の強い巨人でも、自分の身体をもち上げられないようなものです。また自分の目は、外のものはすべて見えますが、自分の目だけは見えないようなものです。だから人間は、外のことは分かっても、自分のことだけが分からないのです。もし分かったとしても、自我によって良く言うか、卑下するかのどちらかです。もしその自我が、真理に適っていなかったらとんでもないことですが、それだけは人間に反省できないのです。

例えば、戦争が悪いことは誰でも知っていますし、戦争が起こらないようそれなりの努力をしていますが、戦争がなくなったことは一度もありません。国連などは戦争が起こりそうな外の条件を一つひとつ潰していく努力をしていますが、完全に目は外を向いています。人間以外の動物は、戦争も自殺もしません。他の動物にはない、人間だけがもっている自我の愚かしさなのでしょうが、外に目が向いている人間にはそれだけが分からないのです。

少し視点を変えてみましょう。第二次世界大戦は広島・長崎に原爆が投下されて終結しました。その悲惨さによって、世界中の人が核兵器の恐ろしさを知りました。戦争には絶対に使ってはいけないと、思い知ったのです。しかし、平和利用ならいいと原発を作りました。ところが一旦事故が起これば、平和のための原発が、戦争と同じ惨状を引き起こすのです。

確かに戦争は国と国との欲のぶつかり合いですから、そんな愚かなことに核兵器を使ってはいけないことは誰でも分かります。その同じ目で、平和利用ならいいと考えたのです。しかし、平和と言っても、結局は豊かで安全で速く快適な暮らしができるように、というような内容ではないでしょうか。つまり、平和と言っても欲の延長です。戦争にしろ平和利用にしろ、根が同じ欲なのですから、結果が同じになるのは道理です。判断する人間それ自体に問題があるのに、それには絶対に目が向きませんので、愚かさを繰り返していくことになります。

そこに目を向けたところに、仏教の素晴らしさがあります。釈尊の覚りは自我を遥かに超えた深みから、人間の愚かさを見抜いています。その覚りを言葉にしてくださったものが、『大経』の本願の教えです。親鸞聖人は、法然上人にそれを教えられ、自力の愚かさを見抜かれて「地獄一定」と言い、「雑行を棄てて、本願に帰す」と表明したのです。

8　『選択集』の書写と師資相承

『教行信証』の「後序」に法然上人との出遇いを「雑行を棄てて、本願に帰す」と記した後、親鸞聖人は「元久乙の丑の歳、恩恕を蒙りて『選択』を書しき」（真宗聖典 三九九頁）と、一二〇五（元久二）年三十三歳の時に、法然上人の許しをいただいて『選択集』を書写したと述べています。四百人近い弟子の中で『選択集』の書写が許されたのは、幸西、聖光、隆寛、証空、長西、親鸞の六名だけです。親鸞聖人はまだ入門して四年ほどですが、よほど法然上人からの信頼が厚かったのだと思われます。

後序では続いて「その同じ年の四月十四日に『選択集』の書写が終わり、それに、法然上人が筆を執って『選択本願念仏集』の内題の字と「南無阿弥陀仏　往生之業　念仏為本」と「釈の綽空」という字を、書いてくださいました。同じ日（四月十四日）に法然上人のお姿を真影として描かせていただくことが許されました。その同じ年の閏七月二十九日に、その御真影の銘に法然上人がご自身の字で、「南無阿弥陀仏」の名号と「若我成仏十方衆生　称我名号下至十声　若不生者不取正覚　彼仏今現在成仏　当知本誓重願不虚　衆生称念必得往生」という善導大師の記された文※を書いてくださいました。また夢のお告げによって綽空という名を改め、上人がその名前を書いてくださって、師資相承が終わったのです」（真宗聖典　三九九～四〇〇頁趣意）と、このように記されています。

師資相承の最後に、親鸞聖人は綽空の名を改めたと書いています。改めた名前が何かということが問題ですが、『教行信証』はすべてが親鸞の名告りの下で書かれているのですから、後序で「名の字」といえば親鸞と了解するべきだと思います。

これを受けて後序では

　この見写を獲るの徒、はなはだもって難し。しかるに既に製作を書写し、真影を図画せり。これ専念正業の徳なり、これ決定往生の徴なり。仍って悲喜の涙を抑えて由来の縁を註す。

（真宗聖典　四〇〇頁）

と記されます。つまり「師資相承が終わって、この親鸞の念仏往生が決定しました。ですから、凡夫の悲しみと本願に遇えた喜びの涙をおさえて、往生が決定したご縁をここに記します」と書かれています。書写が終わった四月十四日から師資相承が終わった閏七月二十九日までには百二十日余りありますが、その間、親鸞と法然が『選択集』を巡って激しい議論をし、両者の得心の下で深い師弟の関係が結ばれたのだと思います。その時に問題になったことは、一体何だったのでしょうか。その問題がそのまま『教行信証』に引き継がれた課題だと思われますので、それについて考えてみましょう。

※　善導大師の著書『観経疏』「玄義分」にある、『大経』の第十八願の受け止めを記された文。「本願加減の文」と言われる。
「もし我成仏せんに、十方の衆生我が名号を称せん、下十声に至るまで、もし生まれずは正覚を取らじ」と。かの仏、いま現にましまして成仏したまえり。当に知るべし、本誓重願虚しからず、衆生称念すれば必ず往生を得、と。（真宗聖典　一七五頁）

9　信行両座の決判

覚如上人が書かれた『本願寺聖人伝絵』（『御伝鈔』）の中にも、『教行信証』の後序の記事がそのまま写されていますが、それが終わると何の説明もなく、「信行両座の決判」と「信心同一の問答」と言われる文章が記されています。私はこの二つの出来事は、法然門下での若い親鸞聖人のぬきんでた偉大さを伝えているのだろうと、長い間思っていました。ところが、曽我量深先生が若い頃に刊行された『御伝鈔講義』の中で、「この二大事件は、聖人が『選択集』に対する御創見を示すものである」（『曽我量深選集』第二巻・三四五頁）と指摘されており、夢から覚めたような思いがしました。つまり、『選択集』を巡って法然上人と師資相承の議論を戦わせた時に、親鸞聖人の方から問題にしたことであると曽我先生は指摘されていることになります。

『親鸞聖人正統伝』によりますと「信行両座の決判」の方は、親鸞聖人が三十三歳の九月二十日・二十一日の両日にわたる出来事であると記されていますから、師資相承から数えて二ヵ月後のことです。「信心同一の問答」の方は、次の年の八月と伝えられていますから、ちょうど一年後のことです。その時期から考えても、曽我先生のご指摘は傾聴すべきであると思います。

まず「信行両座の決判」から見てみましょう。ある日、善信（親鸞）が「正しく往生が決まった信心を獲ているかどうかを、門下の中で確かめてみたいのですがいかがでしょうか」と、法然上人にお伺いを立てます。上人は「もっともなことですから、明日門下の者が集まる時に、あなたから言い出してごらんなさい」と答えます。もし二ヵ月前の激しい議論がなかったとしたら、法然上人は「どうしてそんなことを言い出すのですか」と、親鸞聖人の真意を問いただしたはずです。ところが「もっともなことです」と言うのですから、この問題については両者の間で深いところまで議論をし、決着済みであったことが窺えます。

そもそもこの議論は、何を問題にしているのかと言うと、法然上人の『選択集』は冒頭に「南無阿弥陀仏　往生之業　念仏為本」と書かれています。これは称名念仏によって往生が決まり、二度と迷いの世界に帰ることのない不退転（ふたいてん）を獲るという意味です。法然上人は『仏説観無量寿経』によって称名念仏一つを掲げますから、当然の主張です。

それに対して自力無効の自覚によって『大経』の本願に帰した親鸞聖人は、法然上人が言うように称名念仏には違いないけれども、念仏を信じる信心によって往生が決定し不退転を獲る（信心為本）のではないか、という疑問をもつのです。後述しますが、この親鸞聖人の着眼点は、後に『摧邪輪』という書物で取り挙げられる「法然は称名念仏のみを説くが、信心がなければ空念仏ではないか」という、聖道門の僧明恵の批判を先取りした指摘です。このように念仏によって不退転を獲るのか、それとも信心によってそれを獲るのかという議論なのです。

　これを明確にするために何百人もいる門下の中で「信不退の座」と「行（念仏）不退の座」を設けて、それぞれ思う方に座ってほしいと、親鸞聖人が口火を切ります。最終的に「信不退の座」に着いたのは、聖覚、信空、法力（熊谷蓮生房）の三名で、筆を執って記録していた親鸞聖人も、「信不退の座」に自分の名前を書き付けます。ややしばらくして、「源空も、信不退の座に連なりましょう」と法然上人が座ります。どちらにも座らなかった門下の中には、上人に尊敬の心を表す者やら、ふさぎ込んで悔やんでいる者やら、様々であったと記されています。

　このようにこの出来事は、念仏によって浄土往生（究極的には大涅槃の覚り）が決定するのか、信心によって決定するのかを問うものですが、『大経』の本願成就に立って信心為本を主張した親鸞聖人を、法然上人は全面的に認めたのです。

法然上人にとって、念仏と信心とは、初めから離れてはいないのです。法然上人が回心（えしん）をするきっかけとなった善導大師の文章※は、「一心専念弥陀名号」で始まりますが、「順彼仏願故」で終わります。この「念仏は彼の仏の本願に順ずる」ということが本願に目覚めたことを表明する言葉ですから、法然上人の本願の信心を表すのです。

法然上人も、この念仏と離れない信心こそが、念仏を絶対の行にするということは、百も承知しています。もし信心がなければ、念仏と聖道門の行とは相対的な比較になって、どちらが優れた行かという議論に転落します。しかし法然上人が、当時の状況の中で浄土教を独立させる大事業を果たすためには、称名念仏一つを掲げることが必要だったのです。四百人近い弟子は、そのほとんどが聖道門の学僧たちです。正しい信心を問うと門下が分裂するのは、火を見るより明らかです。なにせ「信不退の座」に座ったのは全部で五人だったのですから。法然上人は門下の状況を承知して、称名念仏の法を前面に出して、門下すべてを包んでいこうとしたのです。

皆さんのお寺でも、入り口で信心の真偽を問うようなことをすれば、その場でほとんどのご門徒さんはお帰りになるでしょう。本堂の中でも、お念仏をしましょうと皆を包んでいくでしょう。法然上人は、それと同じ配慮をしながら、浄土宗の独立を遂げたのです。

すべてを承知して門弟たちを包んだ法然上人、一方、仏道の正確な道理を追求しようとした親鸞聖人、この二人の師資相承の時に問題になった「信心為本」が、やがて『教行信証』の信巻を別開し、「三心一心問答」を設けて、他力の信心に涅槃の覚りが開かれることを証明していく原動力になるのです。

※　善導大師の『観経疏』にある「散善義」の文。

一心に弥陀の名号を専念して、行住座臥、時節の久近を問わず、念念に捨てざるをば、これを「正定の業」と名づく、かの仏願に順ずるがゆえに。

（真宗聖典　二一七頁）

10　信心同一の問答

さてもう一つの出来事は、『歎異抄』の後序にも記されている「信心同一の問答」です。それを見てみましょう。ある日、親鸞聖人が「善信（親鸞）の信心も、聖人（法然）の御信心もひとつなり」という主張をするのですが、周りの弟子たちが「もってのほかである」と非難し、激しい議論になります。結局、法然上人にお伺いを立てますが、法然上人は

源空（法然）が信心も、如来よりたまわりたる信心なり。善信房の信心も如来よりたまわらせたまいたる信心なり。されば、ただひとつなり。

（真宗聖典　六三九頁、（　）内は筆者）

と答えます。この言葉によって、この議論は決着を見るのです。

通常、能力や才能や資質が違う者に、同一の信心なんてあり得ません。そこに親鸞聖人の言う信心は、普通、私たちが何かを信じるという心とは違うことが分かるでしょう。相対的な自力では絶対に救われない、にもかかわらず、その全体が如来の一如のはたらきの中にあるという大いなる目覚めを、信心と言うのです。

念仏の本願の智慧に、地獄の本である相対分別が破られて、本来在った一如の世界に目を開くのです。聖道門では覚りを悟ると言うのでしょうが、浄土門では凡夫のままで一如の覚りの世界に包まれるのです。この凡夫のままで阿弥陀如来の法に目覚めた心を、浄土教では、信心という言葉で伝えてきたのです。

自力が無効なのですから、法然上人は「如来よりたまわりたる信心」と言うほかはなかったのです。この言葉がやがて『教行信証』では、「本願力回向（えこう）」という浄土真宗の他力のはたらきを表す核心的な言葉になります。

このように『歎異抄』では、「本願力回向の信心（如来よりたまわりたる信心）」を法然上人が言ったことになっていますが、『御伝鈔』では、親鸞聖人が先にそれを言ったことになっています。

一たび他力信心のことわりをうけ給わりしよりこのかた、まったくわたくしなし。しかれば、聖人の御信心も、他力よりたまわらせたまう、善信が信心も他力なり。

（真宗聖典　七二九頁）

と、親鸞聖人の方が先に言っています。それを受けて法然上人が「他力の信心は、善悪の凡夫、ともに仏のかたよりたまわる信心なれば、源空が信心も、善信房の信心も、更にかわるべからず、ただひとつなり」と応じているのです。

『歎異抄』の問答の方は、信心の異なりを歎くことに主眼がありますので、この問答を「信心同一の問答」と呼び、私たちはそれに慣れていますが、よく読めばこの問答は「如来よりたまわりたる信心（本願力回向）」に問題の核心があります。『観経』に立った法然上人の学問を見渡しますと、ほぼ本願力回向の思想を見ることはできません。『観経』では本願力を「増上縁」と表しますし、『大経』では「本願力回向」と表します。『観経』一辺倒の法然上人に対して、比叡山の頃から『大経』を学んでいた親鸞聖人の方から、「他力よりたまわらせたまう」と言っている『御伝鈔』の方が正しいのではないかと、私はひそかに確信しています。

先の「信行両座の決判」では、親鸞聖人は『大経』の本願成就に立って、大涅槃の覚りは信心に実現する（信心為本）と主張したのでした。しかしそれだけでは、その理由が不明確です。法然上人も、念仏は「不回向の行」であるとし、人間の努力や能力は必要ないと言いますが、それなら何の力で、凡夫に如来の覚りの世界が実現するのか分かりません。それが、「信心同一の問答」で、「本願力回向」によるからだと、阿弥陀如来の本願力にその根拠が確かめられたのです。

「信行両座の決判」の「信心為本」と「信心同一の問答」の「本願力回向」、この二つに『大経』の実践の仏道に立った親鸞聖人の教学の核心があります。当然『教行信証』も、この二つの課題を証明するために書かれたのです。

いずれにしても、『観経』による法然上人と『大経』によった親鸞聖人との師資相承で問題になったことは、「信心為本」と「本願力回向」の二点であったと思われます。「信心に大涅槃が開かれる」、それが「本願力回向」によるという、この二点を徹底的に議論して、法然上人は、それを主張する親鸞を、全面的に認めたのだと思われます。

法然上人は、浄土宗の独立という仕事に命をかけたのですから、残された仏道の道理の証明は、親鸞聖人に託されたのではないでしょうか。その思想は何と言っても『大経』と世親、そして曇鸞によるのですから「親鸞」と名告りなさいと、法然上人が親鸞という名を与えたのだと思われます。

11　第三章のまとめ

この章では、『教行信証』が書かれなければならなかった事情について尋ねてきました。決定的な理由は、承元の法難をはじめとする聖道門との思想的な戦いです。それはこれまで述べてきたことで、ほぼお分かりいただけたのではないでしょうか。

以前に図〔四〇頁参照〕でご説明したように、煩悩を一つずつなくして階段を登るように努力して、本来ある仏性(ぶっしょう)を磨きだして覚りを悟ろうとする聖道門と、阿弥陀如来の覚りの方から開かれてくる他力の仏教では、仏道の方向と立場が違うために、議論してもすれ違って戦いが激しくなる一方でした。また次章から述べますが、その戦いは承元の法難以後も、さらに激しさを増していくのです。

親鸞聖人の『教行信証』は、法然上人の十三回忌に完成させることを目指して書かれたのであろうと思われます。その執筆の時期と思想的な戦いの時期とが重なりますので、『教行信証』は、聖道門の批判の影響を大きく受けています。その批判を大きく捉えれば「凡夫は覚りを悟れないし、仏道も歩めない」というものです。それに対して「他力の信心には涅槃の覚りが開かれる」ということと「阿弥陀如来の本願力回向によって、凡夫でも生涯仏道を歩める」ということを証明するのが『教行信証』の核心的な課題です。法然上人との師資相承の課題もその二つですから、法然上人が残した課題を『教行信証』で明らかにして、聖道門の批判に応えたのです。

第四章　『摧邪輪』の批判

1　明恵房高弁

『教行信証』が書かれなければならなかった事情は、何と言っても聖道門との思想的な戦いでした。その大きなきっかけとして、興福寺奏状を引き金とした承元の法難がありますが、実はその後の思想的な戦いの方が激しさを増していきます。その戦いの火花を散らした書物が、法然上人の書いた『選択集』と、華厳宗の明恵房高弁の書いた『於一向専修宗選択集中摧邪輪』（以下、『摧邪輪』）です。

この明恵という人は親鸞聖人と同じ歳で、華厳宗を復興したいという志を抱いて東大寺に入った学僧です。一二〇六（建永元）年、この年は承元の法難の前年ですが、後鳥羽上皇から栂尾の地を賜ると、華厳宗の道場として高山寺を建てるのです。現代では「鳥獣戯画」があるお寺として有名です。

明恵は上皇から土地を賜るほどですから、人格高潔で素晴らしい学識をもった学僧でした。その責任から、他力の仏道が許せなかったのでしょう。『華厳経』の自力の修道体系に立ち、『摧邪輪』を著して法然上人と『選択集』を徹底的に糾弾するのです。

その表現は今日の書籍にも見られないほどに辛辣（しんらつ）ですが、『摧邪輪』は『選択集』の重要な文を逐一引用しながら、仏道の真理性を賭けて、思想的に批判していきます。ですから親鸞聖人は、この『選択集』と『摧邪輪』との戦いで問題になった文章を取り挙げて、『教行信証』の中で丁寧に応え切っているのです。私は『摧邪輪』を読んで、『教行信証』がなぜあのような展開になっているのかが、よく分かりました。そのすべてを尋ねることはできませんが、大切なところを少しだけ紹介しておきたいと思います。まず、『摧邪輪』が書かれた経緯から尋ねてみましょう。

2　『摧邪輪』が書かれた事情

法然上人は、承元の法難の後、流罪が許されて京都に帰りますが、それから間もなく一二一二（建暦（けんりゃく）二）年一月二十五日に八十歳で浄土に還ります。『選択集』の巻末には聖道門との思想的な戦いの火種となることを予想して「こいねがわくは、この書を見た後は、壁の底に埋めて、窓の前に遺してはならない」（『真宗聖教全書』第一巻・九九三頁趣意）と書かれているにもかかわらず、その年の九月に隆寛をはじめとする弟子たちの手で『選択集』が刊行されます。すると法然上人が予想したとおりに、そのわずか二ヵ月後の十一月二十三日に、華厳宗の明恵が『摧邪輪』三巻、さらに次の年の六月には『摧邪輪荘厳記』を著して、『選択集』を徹底的に批判します。短い間に二冊の批判書を公にするのですから、明恵の学力も相当なものです。

親鸞聖人は、『摧邪輪』が著された時は四十歳で、前の年に流罪が許されて越後から関東に移る時期です。この頃から『教行信証』に着手したと思われますので、『教行信証』が書かれる時期と『摧邪輪』の出版とは、時を同じくしています。

この『摧邪輪』が書かれた頃から、聖道門からは『選択集』の批難書が頻繁に出され、浄土門からはそれへの反駁書が出されて思想的な戦いが激しくなり、やがて親鸞聖人が五十五歳の時に起こった、嘉禄の法難へと突き進んでいくのです。

『教行信証』の最後の方便化身土巻に、末法の年代を計算して「我が元仁元（一二二四）年」という記述があります。この年は、親鸞聖人が五十二歳で、法然上人の十三回忌の年です。この年を基点にして末法を計算していることから、この時期に『教行信証』の原型がほぼ完成していたと推測されています。おそらく親鸞聖人は師法然上人の十三回忌に完成することを目指して、『教行信証』の著作に励んだのだと思われます。この三年後には『摧邪輪』との戦いがピークに達し、一二二七（嘉禄三）年に比叡山の訴えが受理され、またも嘉禄の法難が起こります。これによって、門下の隆寛・幸西・空阿の三名が遠流に処せられました。

こう見てきますと『教行信証』は、構想期からその思想がぶくぶくと泡を立てて発酵していく熟成期、さらに完成期に至るまで『摧邪輪』との思想的な戦いの中で書かれているのです。ですから『教行信証』に『摧邪輪』の影響を見ようとしない方が、私には不思議に思われてなりません。

3　法然上人の『大経』了解

明恵は『摧邪輪』上・中・下三巻と『摧邪輪荘厳記』とで、十六もの過失を挙げて『選択集』を批判します。しかし彼自身が言うように、主な論点は「一、菩提心を撥去する過失（菩提心は必要ないという過失）」と「二、聖道門を以て群賊に譬える過失」の二つにまとめることができます。

その批判を尋ねる前に、『選択集』の方に目を移してみましょう。『選択集』は、第一章の教相章〜第六章の特留章までが『大経』についての記述です。そして第七章の摂取章〜第十二章の念仏付属章までが『観経』についての記述、第十三章の多善根章〜最後の第十六章の名号付属章までが『阿弥陀経』についての記述になっています。『摧邪輪』の「菩提心撥去」の批判は、『選択集』の『大経』の記述に限られますので、明恵の批判は単なる菩提心論というよりも、法然上人の『大経』了解への批判と考える方が自然です。もう一つの「聖道門を群賊に譬える過失」は、善導大師の『観経疏』に説かれる二河白道の譬喩の了解を巡っての批判ですから、『観経』の記述に集中しています。

まず、法然上人の『大経』了解を見てみましょう。法然上人の著作である『選択集』・『三部経大意』・『無量寿経釈』等々の『大経』了解はみな同じ形式を取っていますので、それを紹介しておきます。

『大経』の下巻は、本願によって衆生に実現する仏道が説かれますが、そこに「乃至一念」という言葉が三回出てきます。法然上人はそれをすべて称名念仏と読んで、『大経』は「第十八願・念仏往生の願」を「王本願」として、称名念仏一つを説いている経典と読むのです。それに対して明恵は、猛反発をします。

その三つの「乃至一念」ですが、まず初めは、下巻冒頭のいわゆる第十八願・至心信楽の願成就文に出てきます。この文は、発起序で説かれる釈尊と阿難との出遇いには、世間を超えた真実が実現していることを教えています。私たちの出会いは、自分に大きな影響を与えてくれた先生や友達、さらにはパートナーとの出会い等々ですが、いずれも世間の中の出来事です。それとは違って仏道の出遇いは、他力の信心によって世間の分別が破られて、出世間の真実である阿弥陀如来の本願の世界が開かれる。その深い道理を、第十八願・至心信楽の願成就文として、釈尊は阿難に教えているのです。私たちは『真宗聖典』の読み方に慣れていますが、親鸞聖人以前、法然上人をふくむ浄土教の祖師たちは、この文を「念仏往生の願」成就文として、次のように読んでいました。

あらゆる衆生、その名号を聞きて、信心歓喜(かんぎ)して、乃至一念、至心(ししん)に回向(えこう)して、かの国に生ぜんと願ずれば、すなわち往生を得て、不退転に住す。唯、五逆(ごぎゃく)と正法を誹謗(ひほう)するとを除く。

(山喜房佛書林発行『浄土宗全書』第一巻・一九頁)

この意味は、「どのような衆生も諸仏が称える名号を聞いて信心歓喜し、臨終の一念に至るまで念仏を回向して、彼の国に生まれたいと願えば、すぐに浄土に往生して不退転に住するのです。ただ五逆の罪を犯した者と正法を誹謗する者とを除きます」。ここに最初の「乃至一念」が出てきます。

二番目はいわゆる三輩章の下輩に出てきます。この三輩章は、衆生を能力によって上輩・中輩・下輩に分け、それぞれの能力に応じた自力による往生を説く箇所です。本願力による往生ではなくて、自力で多くの実践行を修めて往生しようとするのです。それでは浄土を憧れることにしかなりませんので、死ぬまで往生が実現しません。ですからここでは、命終わる時に阿弥陀仏が来迎すると説かれます。その文（下輩）は、次のようです。

> もし深法を聞きて歓喜信楽せん。疑惑を生ぜず。乃至一念、かの仏を念じて至誠心をもってその国に生まれんと願ぜん。この人終わりに臨んで夢のごとくにかの仏を見たてまつりて、また往生を得。功徳智慧、次いで中輩の者のごとくならん。
> （真宗聖典　四六頁）

この文の意味は、「深く聞法して歓喜信楽したものは、仏を疑わないで、臨終の一念に至るまで真実心をもって称名念仏して安楽国に生まれたいと願いなさい。このような人は、臨終に夢のように阿弥陀如来を拝見して、安楽国に往生を得て、中輩の者に次いだ、功徳や智慧を得るのです」。ここに二番目の「乃至一念」が出てきます。最後はいわゆる弥勒付属の文に出てきます。ここは『大経』の最後の流通分にある文で、釈尊が弥勒菩薩に「この経典のとおりに修行しなさい」と『大経』を手渡すところです。

それ、かの仏の名号を聞くことを得て、歓喜踊躍して乃至一念することあらん。当に知るべし、この人は大利を得とす。すなわちこれ無上の功徳を具足するなり。

（真宗聖典　八六頁）

この文の意味は、「もし衆生が阿弥陀如来のみ名を聞き、身も心も躍り上がるほどに喜んで、少なくとも一声の念仏を称えた者は、この上ない大きな利益として無上涅槃の功徳を得るのです」。ここに最後の「乃至一念」が出てきます。

法然上人は『大経』下巻に説かれるこの三つの「乃至一念」を、すべて称名念仏と読むのです。先に尋ねたように、法然上人は浄土門を独立させる仕事に生涯を捧げました。そのために、浄土往生の行を説く『観経』に立って、称名念仏一つを掲げたのです。それは様々な弟子たちを念仏一つに結集させるためでした。それで『大経』も、第十八願・念仏往生の願成就文と三輩章と下巻最後の流通分の「乃至一念」をすべて称名念仏と読み通すのです。しかし、それに猛烈な批判をしたのが『摧邪輪』です。以下、その明恵の批判を見てみましょう。

4　第十八願・念仏往生の願の了解に対する批判

明恵は『華厳経』の自力の菩薩道に立って批判するのですが、『選択集』に対しては「甚(はなは)だ以て、不可思議なり奇異奇特なり」と言い、法然上人に対しては「仏法の怨敵、大賊なり」と口を極めて罵(ののし)るのです。まず第一番目の、法然上人の第十八願の了解に対する批判から見てみましょう。漢文の引用では難しいと思われますので、『摧邪輪』の文章をほぼ直訳してみましょう。明恵の批判は、おおよそ次のようなものです。

『大経』の四十八願の中にも、たくさん「発菩提心」という言葉が出てくるではないか。汝が引いている第十八願の中にも「至心信楽　欲生我国」とある。念仏が衆生の往生の業となるためには、称名念仏（乃至十念）よりも、その前に説かれている「心を至し信楽して我が国に生まれんと欲うて」という信心の方が重要である。その意味では、汝は第十八願を「念仏往生の願」と呼ぶが、そうではなくて、第十八願は衆生の信心が誓われる「至心信楽の文」である。この信心が伴わない念仏は空念仏であって、往生の業にはならない。したがって、信心こそが往生の正因であって、口称の念仏は助業である。念仏の信心は、すぐに菩薩の菩提心とは言えないが、信心が菩提心にまで育てられる。したがって『大経』の第十八願は、法然の言うように称名念仏を説く願ではなくて、「至心信楽」が説かれているのである。これによって菩提心こそ浄土の正因とすべきである。

（岩波書店発行『鎌倉旧仏教』・六九頁趣意）

これが明恵の主張です。要するに信心の伴わない称名念仏は、空念仏であると批判します。その意味で、称名念仏を主張する前に、信心に注目すべきであると言うのです。その点では、師資相承の時の親鸞の「信心為本」の視点と軌を一にするものがあります。一見すると明恵の主張は、実に論理的で説得的です。ただ彼の仏教は観念的な分別の学問ですから、行と信が別だと思っている点と、他力の信心が分からない点に問題があります。

最初の問題点である行と信の問題については、親鸞聖人は『歎異抄』に「念仏もうさんと思いたつこころ」と表明しているように、「念仏」の行と「思いたつこころ」の信心が、初めから一つです。先にも述べましたが、「順彼仏願故」という信心において念仏を掲げる法然上人も、それは同じです。法然・親鸞の実践の仏道では、行信（念仏と信心）は離れないのです。親鸞聖人は行巻・信巻で、全体をとおしてしつこいほど行信不離を主張し、明恵の観念的な考え方を否定して、実践の仏道を明らかにしようとしているのです。

二番目の他力の信心が分からない点については、信巻の「三心一心問答」を見ればすぐに分かります。親鸞聖人が至心（ししん）・信楽（しんぎょう）・欲生（よくしょう）の本願の三心を推究する場合には、最初に必ず自力無効の懺悔が述べられています。この自力無効の徹底した懺悔がなければ、どんなことを言っても自力の延長になりますから、他力回向の信心など分かるわけがありません。自力無効が分かるまで真面目に修行して、『大経』の本願の教えを聞きなさいというほかはありません。

この明恵の批判で、もう一つ重要なことを指摘しておきます。法然上人は第十八願を「念仏往生の願」と呼んで、称名念仏による往生を実現する本願と了解しています。ところが先の明恵の批判で分かるように、彼は第十八願を「至心信楽の文」と呼びます。この願名は、これまでの学問では親鸞聖人の独創であると了解されてきていますが、しかしそうではなくて、実は明恵の方が先に言っているのです。

そうなると、特にこの願名を掲げて別開されていく信巻は、これまでの了解では不十分ではないかと思われます。親鸞聖人は第十八願・至心信楽の願を標挙に掲げますが、明恵はそれを自力の信心と読み、それがやがて菩薩の菩提心にまで育てられて、遂に覚りを悟ると主張します。

それに対して親鸞聖人は、第十八願の信心は明恵の言うような自力の信心ではなく、如来から回向された他力の信心であると主張します。それを証明するために、第十八願の成就文を次のように読み替えていくのです。

> 諸有衆生（あらゆるしゅじょう）、その名号を聞きて、信心歓喜（かんぎ）せんこと、乃至一念せん。至心に回向せしめたまえり。かの国に生まれんと願ずれば、すなわち往生を得（え）、不退転に住せん。ただ五逆（ごぎゃく）と誹謗正法（ひほうしょうぼう）とをば除く、と。（真宗聖典 二一二頁）

「どのような衆生も諸仏如来が称える名号の意義を聞き開いて、臨終の一念に至るまでその信心を歓喜するのです。如来が真心を込めて回向してくださった行信によって、彼の国に生まれたいと願えば、即浄土に往生して正定聚（しょうじょうじゅ）不退転に住することになります。ただ五逆と正法を誹謗する自力の者は除きます」という意味です。従来、この本願成就文は一連の文と読まれていたものを、親鸞聖人は「乃至一念」で句切って二つに分けます。そのため「乃至一念」は前の「信心歓喜」と同格になって、この本願成就文の前半は、衆生の信心の成就文という意味になりました。

ところが「乃至一念まで、至心に回向して」と読まれていた箇所が、句切られたために、前の語と続いて読めなくなってしまいました。ですから親鸞聖人は、「至心に回向せしめたまえり」と尊敬語で読んで、第十八願に説かれる信心は、如来回向の他力の信心であることを証明するのです。

さらに「三心一心問答」ではこれを踏襲して、ここだけは本願成就文を二つに分けます。前半の「諸有の衆生、その名号を聞きて信心歓喜せんこと、乃至一念せん」には「本願信心の願成就の文」（真宗聖典 二二八頁）という名前を付けて、「他力の信心には大涅槃の覚りが開かれる」ことを証明します。それは、明恵が念仏往生など凡夫のための方便教であり、凡夫は覚りを悟れないと主張するのに対して、そうではなく、凡夫のままで大涅槃の覚りに包まれることを明らかにしたのです。

後半の「至心回向したまえり。かの国に生まれんと願ずれば、すなわち往生を得、不退転に住せんと。唯五逆と誹謗正法とを除く」には「本願の欲生心成就の文」（真

宗聖典　二三三頁）という名前を付けて、願生心は衆生の恣意的な精神作用ではなくて、如来の欲生の願心であると言うのです。凡夫であってもその本願力回向の願生心によるのですから、生涯仏道から退転することはありません。明恵が「凡夫は仏道を歩めない」と批判することに対して、凡夫であっても、本願力によって仏道から退転しないことを証明したのです。

このような信巻の展開を見ると、親鸞聖人の第十八願の了解は、法然の念仏往生を踏まえながらも、本願力回向の信心だから、そこに大涅槃の覚りが開かれ、凡夫のままで生涯その大涅槃への歩みを止めないと了解していることが分かります。念仏往生など凡夫への方便教だと初めから決めつけている明恵に対して、法然の念仏往生は、明恵が指摘する「至心信楽の願」の了解から言っても、聖道門が求めている大般涅槃道であることは明らかでしょう。私には、大乗仏教の土俵で、『大経』によって明恵に応答しようとする親鸞聖人の声が、ストレートに聞こえるような気がいたします。

信巻後半では、この「三心一心問答」をそのまま受けて、それを体現している者を「真の仏弟子」として論を展開していきます。真の仏弟子の定義は、「必可超証大涅槃」と「金剛心の行人（ぎょうにん）」です。

「必可超証大涅槃」とは、本願成就文の前半で証明したように、凡夫であっても他力の信心に涅槃の覚りが開かれるということです。そうであっても身は凡夫ですから、命終わるまで本願の声に促されながら、「臨終一念の夕（ゆうべ）、大般涅槃を超証（ちょうしょう）す」るのです。

また「金剛心の行人」の方は、本願成就文の後半で明らかにしたように、回向された本願力によって「一切の異見（いけん）・異学（いがく）・別解（べつげ）・別行（べつぎょう）」に迷わされないで、凡夫であっても、生涯、無碍道（むげどう）としての仏道を歩むことができると言っているのです。このようにして親鸞聖人は、「凡夫は覚りを悟れないし、仏道も歩けない」という聖道門の批判に見事に応え切っているのです。

さらにその他力の信心こそ「横超（おうちょう）の大菩提心」であると二双四重（にそうしじゅう）の教判※を設けて、法然上人は自力の菩提心を否定したのであって、他力の信心こそ凡夫でも仏道を全うすることができる「横（おう）の大菩提心」であると、明恵の「菩提心撥無」の批判に応えるのです。

実に大雑把ですが、これだけでも信巻の様相がまったく変わるでしょう。ここではそのほんの一端を述べたまでですが、至心信楽の願の標挙を巡って、信巻の親鸞聖人と明恵との思想的な対応には、実に目を見張るものがあります。

※　**二双四重の教判**　親鸞聖人が一大仏教の全体を分判して、何が正しい仏教かを定めたもの。
二双とは、自力の聖道門をあらわす「竪」と、他力の浄土門をあらわす「横」とを言う。その二つにそれぞれ、段階的にさとりを得る「出」と、即座にさとりを得る「超」とを開いて、四重と言う。すなわち、長い間修行して仏になるとする「竪出」、この身のままで仏になるとする「竪超」、『観経』・『阿弥陀経』等に説かれる自力の善行や自力の念仏により往生する「横出」、阿弥陀仏の本願を信じて往生する「横超」のこと。

5　三輩章の了解への批判

それでは二番目の三輩章の下輩の文の法然上人の了解と、明恵の批判を簡単に紹介しましょう。

三輩章とは、人間を上輩、中輩、下輩の三つに分けて、優れた能力をもつ上輩から劣った下輩まで、それぞれの能力に応じた自力の往生が説かれる箇所です。『観経』で言えば、上品上生から下品下生までの九品の往生に相当します。この世の苦しみに泣いて浄土に往生したいと願っても、最初は誰でも努力して往生しようと思うでしょう。ですから自力では往生できないと分かるまで徹底的に修行しなさいと、第十九願・至心発願の願（修諸功徳の願）の自力による往生が説かれる箇所です。

その三輩章の下輩に「臨終の一念まで称名念仏して、阿弥陀の浄土に生まれたいと願いなさい。そうすれば臨終に阿弥陀如来を拝見して浄土に生まれるのです」（真宗聖典 四六頁趣意）と、ここに「乃至一念」が出てきます。

この下輩の文は『観経』の九品の往生でも、特に下品下生に当たるところです。それが次のように説かれます。「下品下生の愚人が命終わる時、善知識が慰め仏法を説いて、仏を憶念しなさいと勧めます。ところが苦しみのあまり、仏を憶うことができません。その時善知識が「あなたがもし仏を憶うことができないのなら、南無阿弥陀仏と称えなさい」と勧めるのです」（真宗聖典　一二〇頁趣意）。このように下品下生では、臨終に当たって称名念仏一つが勧められますから、法然上人はこの教えに従って、三輩章・下輩の「乃至一念」を称名念仏と読むのです。

その理由を『選択集』では、「本願の意は、衆生に一向に南無阿弥陀仏を称えさせることにある」という善導大師の教えを挙げます。要するに『観経』は、如来に背く愚人でも、自力無効を知らせて、仏の本願の心にかなう称名念仏に導く教えであるという、善導大師が著された『観経疏』の説に従うと言うのです。法然上人にすれば、当然のことであると思われます。

さて、それに対して明恵は次のように主張します。

『観経』の核心は阿弥陀如来を見るという念仏三昧にある。それができない凡夫のために、称名念仏が説かれている。方便の称名念仏も、菩提心に根ざした行である。だから『大経』の三輩章の称名念仏を説く場所にも、「発菩提心」という言葉が必ず出ている。上輩には「発菩提心、一向専念　無量寿仏」と出る。中輩には「当発無上菩提之心、一向専念　無量寿仏」と出る。最後の下輩にも「当発無上菩提之心、一向専意、乃至十念、念無量寿仏」と、出るではないか。だから『大経』でも菩提心こそ仏道の最も大切な菩提心を捨てて、方便を取るとは、火のない所で煙を求めるような転倒である。法然を、大いに笑うべし、笑うべし。

（『鎌倉旧仏教』・八〇〜八一頁趣意）

と、法然を激しく批判します。

明恵は自力の菩提心を磨いて、やがて仏を見て悟るという聖道門に立っています。

それに対して法然上人の立場は自力では救われない凡夫、それを経典では下輩とか下品下生と説かれますが、それこそが本願力に救われなければならない衆生です。この下品下生の称名念仏に立って、三輩章を了解していることがよく分かります。

ところが明恵は、自力無効の目覚めがなくて肝心の本願力が分からないのですから、親鸞聖人は、彼が主張するとおりこの三輩章は自力の菩提心を表す箇所、つまり第十九願・修諸功徳の願の成就文と了解します。その上で「この願成就の文は、すなわち三輩の文これなり。『観経』の定散九品の文これなり」（真宗聖典 三二七頁）と、自力の批判が説かれる化身土巻に回すのです。その意味では、法然上人は第十九願と第十八願は裏と表の関係ですから区別しないのですが、親鸞聖人は自力と他力を明確に分けて、第十九願を要門（ようもん）とし、先の第十八願の本願力回向の信心に真宗の眼目があることを証明するのです。

6　流通分の文の了解への批判

最後に、流通分の「乃至一念」を巡る明恵の批判を見たいのですが、その前に流通分には次のように説かれています。

釈尊が弥勒菩薩に、次のように伝えます。「阿弥陀如来の名号を聞いて、身も心も躍り上がるほどに喜んで乃至一念、称名念仏を称えなさい。その人は如来の覚りである無上涅槃の大いなる利益を得るのです」。（真宗聖典　八六頁趣意）

ここで釈尊は「念仏を称えて一切衆生に伝えなさい。なぜなら、称名念仏こそが無上涅槃の覚りを開くからです」と説いて、弥勒に『大経』を与えるのです。「念仏を称えなさい」と説くのですから、当然、法然上人はこの「乃至一念」を称名念仏と読むのです。

この箇所で、法然上人が「菩提心は小さな利益（有上小利）しか得ることはできないが、称名念仏は無上涅槃の利益（無上大利）を得る」と言うことに対して、明恵は猛反発します。

乃至一念という称名念仏に、無上涅槃の利益が得られると主張するのはまったくおかしい。念仏する歓喜踊躍の心に利益を得るのであって、称名念仏に得るのではない。仏は菩提心の行を説いているが、衆生の能力に応じて、一応称名念仏の方便も説いている。したがって、往生の正因は菩提心の方にある。それにもかかわらず法然は、菩提心には小さな利益しかないが、称名念仏には大いなる無上涅槃の利益を得ると主張している。まったく天と地が転倒するような誤解である。

（岩波書店発行『鎌倉旧仏教』・一〇四頁趣意）

と批判するのです。明恵の立場からすれば、もっともな批判に聞こえます。しかし彼が立っているのは、教理とか教学という観念論であり理想主義であって、人間の求道心を本当に満足するものを実践として求める法然との違いが、際立っているように思えます。ただ明恵の、「無上涅槃の利益は歓喜踊躍の心に得るのであって、念仏ではない」という主張は、師資相承の時の親鸞聖人の了解と、軌を一にするものです。ですから『摧邪輪』を読んだ親鸞聖人は、当然出る批判だと思ったに違いありません。

7 『選択集』と『摧邪輪』の戦い

このように、法然上人と明恵とは、『大経』の了解において真っ向から対立しています。同じ経典を巡って、なぜこのような違いが生まれるのでしょうか。

法然上人は、四十三歳まで自力の修行と学問とによって、仏の覚りを求め尽くして挫折した方です。自力による修道は、その全体が人間の理想主義による妄想に立っていますから、それを突き詰めても、嘘を重ねて真実にしようとするようなものです。人間の三毒（貪欲・瞋恚・愚痴）の煩悩を根拠にする自力で、仏の覚りなど得られるはずがありません。法然上人は、善導大師の「一心専念弥陀名号」という教えに遇って、仏の覚りの方から救いが準備されている浄土教に開眼しました。智慧第一の法然房から、愚癡の法然房へ帰って阿弥陀の本願力に救われ、仏に成る道に立ったのです。ですから法然上人は、本願の仏道の全体を、称名念仏一つに収めて了解し、『大経』に三回出てくる「乃至一念」の語も、すべて称名念仏と読むのです。

さらに、法然上人は浄土教を独立させるという責任から、称名念仏一つを掲げて、三百八十余名の門弟の結集を図ります。そのために「仏の本願の意は称名念仏にある」という善導大師の了解を根拠にして、『大経』は念仏往生を説く経典であると主張するのです。しかし『大経』は信心を説くという点においては、明恵の主張の方が正しいと思われます。

第二章で尋ねたように、『観経』に立って称名念仏を主張する法然上人と、『大経』の信心に立つ親鸞聖人とは、念仏に涅槃の覚りが実現するのか、それとも信心に実現するのかという点で、師資相承の時に議論になります。そして法然上人も、信心を主張する親鸞聖人を、全面的に認めています。ですから、信心を主張するという意味では、『選択集』を批判する明恵も親鸞聖人と同じなのです。つまり、南無阿弥陀仏は如来から与えられたものですが、それを受け取る衆生の信心に、大いなる無上涅槃の世界を感得するのです。ですから、大乗仏教の真理性を明らかにする課題に立った親鸞聖人は、信心のところから、本願力によって涅槃が開かれる道理を明確にするしかないのです。その意味では、信心を主張する親鸞聖人も菩提心を主張する明恵も、一応考え方は同じだと思われます。

ただその場合、信心の質が問題になります。明恵は自力の信心、親鸞聖人は他力の信心に立っています。そこが決定的な違いです。さらにもう一つの違いは、明恵は行と信とが別だと考えている点です。

法然上人と明恵との決定的な違いは、自力無効という凡夫の目覚めがあるかないかです。この自力無効の目覚めを、浄土教では他力の信心というのです。ですから念仏が絶対の行であるという法然上人に、信心がないはずがありません。その念仏には信心が隠れているのです。

それに対して明恵の観念的な学問では、人間の心を菩提心と言います。人間の心は自我を中心にする相対的な考え方ですから、劣った菩提心より優れた菩提心へという比較の心を離れられませんし、相対的に行と信とは別だと考えざるを得ません。

その観念論を否定して実践の仏道を明らかにする『教行信証』では、信心は自力ではなく「如来回向の他力の信心」であることを明確にします。さらに行と信を相対的に考える観念論に対しては、行巻・信巻でしつこいほど行信不離を主張するのです。

関東の同朋へのお手紙にもそれが繰り返されますが、親鸞は、弟子の中にもはびこっていた観念的な仏教理解を否定しているのです。

8　親鸞聖人の応答

私は長い間、行巻と信巻になぜいわゆる「行の一念釈」と「信の一念釈」があるのか、不思議でした。当時の法然門下は「一念多念（いちねんたねん）の問題」（浄土往生は一念の念仏によるか、多く念仏すべきか、という論争）で緊迫していたのですから、一念釈を書けば、親鸞聖人は一念義であるという誤解を生むと思ったからです。しかし明恵の『摧邪輪』を読んで、その疑問は一辺に吹っ飛びました。

『選択集』と『摧邪輪』との論争の大半は菩提心論ですが、それはこれまで尋ねたように、『大経』下巻の三つの「乃至一念」を巡っての論争でした。まず最初のそれは、第十八願・至心信楽の願成就文にありました。親鸞聖人はその文を「信の一念釈」にもってきます。また三番目の弥勒付属の文は、「行の一念釈」にもってきます。二番目の下輩章の文は、明恵が主張するように自力の菩提心を表しますから、自力を問題にする方便化身土巻にもってきます。その親鸞聖人の了解に目を移してみましょう。

行巻の「行の一念釈」では

> おおよそ往相回向の行信について、行にすなわち一念あり、また信に一念あり。行の一念と言うは、いわく称名の遍数(へんじゅ)について、選択易行(せんじゃくいぎょう)の至極(しごく)を顕開す。
>
> (真宗聖典 一九一頁)

と書き出されます。「如来より賜った他力の行信は、行と信が一つです。あえて分けて言えば、行の一念と信の一念とがあります。その内、信の一念は信巻に譲って、ここで問題にする行の一念とは、称名の数について一声の念仏という意味です。この信と離れない一声の念仏に大涅槃の功徳をいただくのですから、この念仏こそ、如来の方から準備された選択易行の究極を明らかにしている」という意味です。

このように親鸞聖人は、行と信が別であると考えている明恵に対して、如来より賜った称名念仏は行信が離れないのだと説きます。そして、如来より賜った他力の行信には、如来の無上涅槃の真実が本願力の方から開かれると説いて、明恵の批判が的外れであることを証明します。そしてこの後に、『大経』の弥勒付属の文を引用するのです。

次に信巻の「信の一念釈」では

それ真実信楽を案ずるに、信楽に一念あり。「一念」は、これ信楽開発の時剋の極促を顕し、広大難思の慶心を彰すなり。（真宗聖典　二三九頁）

とあります。この文は次のような意味です。「他力真実の信心は、それに一念があります。それは自力無効を知らされた信心の一念であり、そのままで広大な無上涅槃のはたらきに包まれている慶びの、歓喜の一念なのです」。この後に明恵が問題にする第十八願・至心信楽の願成就文を引文して、その中の「至心回向」を「至心回向したまえり」という親鸞聖人独特の読みを付して、この一念が他力の信心であることを証明します。

　さらに三輩章・下輩の文は、第十九願の意味を説く方便化身土巻で問題にします。浄土教では第十九願を、「臨終現前（げんぜん）の願」とか「現前導生（どうしょう）の願」とか「来迎引接（らいこういんじょう）の願」と読むのですが、明恵は「修諸功徳の願」と「至心発願の願」と読んで、三輩章は自力の菩提心を説く箇所と見るのです。親鸞聖人は化身土巻で、明恵の主張と願名を採用した上で「この願成就の文は、すなわち三輩の文これなり。『観経』の定散九品の文これなり」（真宗聖典 三二七頁）と述べます。つまり、明恵の主張する菩提心は、人間が三輩や九品というそれぞれの資質や能力において発（おこ）す自力の心であると決定するのです。

　このように親鸞聖人は、『選択集』と『摧邪輪』との間で激論になった三つの「乃至一念」の文章を、「行の一念釈」と「信の一念釈」、さらに化身土巻にそれぞれ配当して、明恵の批判に応えます。まず行の一念釈では、行と信を別に考えるのは観念的な学問論であって、実践の仏道では「念仏もうさんとおもいたつこころ」として、行信が始めから一つであることを明らかにします。次に信の一念釈では、他力の念仏には、本願力の方から如来の無上涅槃の覚りが開かれるのですから、自力の信心がいずれ菩提心にまで育てられ悟るとする明恵の批判がまったくの見当違いであると証明しているのです。そして化身土巻では、明恵が説く菩提心は自力であることを明らかにして、実に準備周到な手法で、その批判に応えているのであると思います。

9　現代的な意味

このように親鸞聖人は、明恵の『摧邪輪』の批判に見事に応えているにもかかわらず、明恵の名も『摧邪輪』の書名も、『教行信証』には出てきません。ですから文献学の学者は、『教行信証』研究の上で『摧邪輪』の批判などには目もくれません。しかし思想研究という点から言えば、『選択集』と『摧邪輪』との戦いで問題になった文を取り挙げて、見事に応え切っています。それが法然上人の弟子としての親鸞聖人の思想的な責任なのですから、当然だと思われます。

では、なぜ名前を出さなかったのでしょうか。それは明恵のような考え方は、彼一人に限ったことではなく、人間全体の常識を代表しているからでしょう。自分を無意識に確かな者として措定し、外に向いた目で何事にも努力する向上的な理想主義は、いつの世でも人間社会を成り立たせている常識なのです。現代の知識人の中で、念仏が自分にとって最も大切だという人は、ほとんどいません。その人間中心主義を破って、広大な如来の真実の中に生きとし生けるものが在ることを気付かせようとするのが親鸞聖人の『教行信証』ですから、明恵の批判に丁寧に応えながら、広く言えば、人間全体の勝手な思い込みを破っているのです。ですから、特定の名前を出していないのだと思われます。

このように『教行信証』は、現実の具体的な事象にその課題があるのですが、それに直接応えるのではなく、事象のもつ根源的な課題にまで思想的に昇華して、それに仏道として応えているのです。そこでは、仏道の思想的な普遍性を証明するのですから、個人の名や具体的な現象はそれを損なうので、あえて言わないのだと思います。逆に『摧邪輪』や明恵の名を出せば、親鸞の私憤を晴らしているだけだと、大いに誤解を生むからです。『教行信証』はどこまでも、一切衆生が救われていく大乗仏教の大いなる世界を証明しているのだと思います。

第五章　『教行信証』の課題と方法論

1　二つの課題

親鸞聖人が『教行信証』を書かねばならなかった事情は、何と言っても、承元の法難をはじめとする聖道門との戦いです。その最大の論敵は明恵の『摧邪輪』ですから、その主な批判である「菩提心を撥去する過失（称名念仏一つを取って菩提心が要らないという法然の過失）」を簡単に紹介してきました。それは、『大経』を称名念仏一つで読んでいる法然上人の『選択集』に対して、「「信心歓喜」という信心がなければ、法然の説く念仏は空念仏である。だから、念仏よりも信心の方が大切である。信心がそのまま菩提心と言うわけにはいかないが、信心が菩提心にまで育てられて、修行を重ねてやっと覚りを獲るのであって、凡夫の称名念仏に覚りが開かれることなどあり得ない」という批判です。

信心が大切だという明恵の主張は、実は親鸞聖人と法然上人との師資相承の時に交わされた二つの議論で、すでに解決済みの問題でした。一つは、法然上人は称名念仏で一切衆生が救われると説くのに対して、親鸞聖人は、その救済を受け取るのは衆生の信心だから、他力の信心を立脚地にすべきではないか、と主張します。この親鸞の主張と明恵の批判は、自力と他力の違いはあっても信心に着眼している点、つまり「信心為本」という点においては同じなのです。

もう一つは、法然上人は念仏を衆生の努力や能力を必要としない「不回向の行」（真宗聖典一八九頁）と言うのですが、衆生の力でないというだけでは、何の力で仏道を歩めるのか分かりません。そこで親鸞聖人は『大経』の「本願力回向」を明確にして、念仏が開く「誓願一仏乗」は、如来の本願力によることを明らかにすべきではないか、という主張です。

法然上人は、浄土教を独立させる責任から『観経』に立って称名念仏一つを掲げるのですが、親鸞聖人は、それが完全な一乗の仏道であることを証明するためには、信心に立って『大経』の本願力回向の意味を明らかにすべきであると言うのです。これらの親鸞聖人の主張を、法然上人は全面的に認めます。念仏か信心かという疑問は、「信行両座の決判」で法然が信の座に着座して確かめられます。「本願力回向」の問題は、「信心同一の問答」で「如来より賜りたる信心」という言葉で、両者の間で確かめられます。

親鸞聖人にしてみれば、信心が大切だということは師弟の間で充分な議論をし尽くしている問題ですから、『摧邪輪』の批判が出た時に、やはりそうかと、ただ本願力回向の信心で、疑問に応えなければならないという大きな責任を感じたのでしょう。くどいようですが、大乗仏教の目標は「大涅槃（一乗の覚り）」です。それが自力の菩薩道ではなく、如来の本願力によって開かれる。この「大般涅槃道」と「本願力回向」を明確に公開することが、『教行信証』の課題です。これらのことをお分かりいただけるように、これからもう少し説明していきましょう。

2 『選択集』は浄土教独立の宣言書

法然上人の『選択集』では、『大経』の四十八願の中でも、第十八願一つを王本願とします。「本願の意を望めば、一向に専ら弥陀仏の名を称えさせることにある」という善導大師の『観経疏』の教えに従って、四十八願の中でも特に第十八願・念仏往生の願を取り挙げるのです。要するに法然上人は、阿弥陀如来は下品下生の悪人まで救うために称名念仏一つを選び取ったのですから、第十八願・念仏往生の願こそ阿弥陀如来の本願の王だと了解したのです。『観経』の下品下生の称名念仏から、「十方衆生」の往生を誓う『大経』の本願を読めば、実に当を得た読み方だと感服します。

例えば、親は子どもに対して、しっかり勉強してほしいとか、良い会社に就職してほしいとか、いい人と結婚してほしいとか、数え切れないほどの願いがありますが、それは、その子が幸せになってほしいというただ一つの願いから出たものです。それと同じように、阿弥陀如来の願いは四十八願ありますが、それは第十八願一つから出てきた願いであると了解しているのです。なぜなら法然上人は、「一心に専ら弥陀の名号を念じなさい」という善導の教えに愚癡の法然房として救われ、その称名念仏から『大経』の本願を読んでいるからです。

しかし『選択集』以外の法然上人の著作に目を移してみますと、取り挙げられているのは決して第十八願・念仏往生の願一つだけではありません。親鸞聖人が『教行信証』の柱にする真仮八願の中で、第二十二願・還相回向の願だけは認めることはできませんが、それ以外の願はすべて法然上人が取り挙げています。つまり親鸞聖人が法然門下で学んだ時に、真仮七願については法然上人に教えられたのですが、第二十二願の意味だけは教えられていなかったと思われます。ですからこの願の意義は、親鸞聖人ご自身が『大経』と『浄土論』・『浄土論註』によって、独学で明確にされたのだと推測されます。

このことから法然上人は、煩悩にまみれた凡夫が如来の世界にどのように導かれるのかという『大経』の本願の道理を、当然のように了解していたのです。そうでなければ、親鸞聖人が法然上人を生涯の師とするはずがありません。そうすると法然上人の思想全体から見れば、『選択集』の方が、選択本願の念仏一つを掲げた先鋭的な書物であると了解せねばなりません。

法然上人は三百八十余名の弟子を抱えて、聖道門と対決しながら、浄土教を独立させることに生涯を捧げました。門下の弟子たちはほとんどが聖道門の学僧でしたから、その弟子たちも親しんでいた『観経』から『大経』の本願を了解します。また信心の純・不純を問うよりも、『観経』の称名念仏一つに弟子たちを結集させる必要がありますから、王本願一つを取り挙げるのです。このように法然上人は、『大経』の本願の意味を充分に了解した上で、浄土宗を独立させるという責任のために、『選択集』ではあえて称名念仏一つを掲げたと考えられます。

3　『教行信証』の独自性

『観経』は、釈尊が韋提希（いだいけ）に定善（じょうぜん）・散善（さんぜん）※の自力の行を説いて、自力では救われないことに目覚めさせて、『大経』の本願に導く経典です。本願の救いに導くという意味で、『観経』は方便の教えと言われますし、自力無効こそ本願に目覚めるために必要なのですから、『大経』の弘願（ぐがん）に対して『観経』は要門と言われます。

一方で『大経』は、親鸞聖人が「真実の教」と言うように、如来の覚りである大涅槃を開く道筋が、四十八の本願として説かれます。『観経』で釈尊が韋提希を救いに導いた説法が、『大経』では四十八の本願として説かれるのです。つまり、凡夫を自力から他力へ導く教えが、『大経』の本願それ自体の中に完備しているのです。

その如来の大悲心をはっきりといただくのが本願成就の信心ですから、親鸞聖人は、本願成就の他力の信心（信巻）に立って、教巻、行巻、証巻を、さらに真仏土巻、化身土巻を顕らかにします。信巻はご自身の立脚地ですから、別序を設けて別開します。そこでは当時の親鸞聖人を取り巻く諸問題、特に『摧邪輪』等による「凡夫は覚りを悟ることはできないし、仏道を歩むこともできない」という聖道門からの批判に、すべて応え切っています。

教巻は「真実の教」として『大経』を掲げますが、それは人間の世界が自力によって「地獄・餓鬼・畜生」をつくっていく「地獄一定」であるため、それを救う真実の教えは、如来回向によって開かれる『大経』しかないからです。さらにその実践が、行巻に説かれる「無碍光如来の名を称する」大行です。その大行による難思議往生が大涅槃の覚りを超証することであると、証巻で顕らかにします。このように『教行信証』は、すべてが本願他力による仏道を顕らかにして、『法華経』を中心とする自力の仏道を方便として内に包んだ書物なのです。

ですから、法然上人の『選択集』が大乗仏教の中で最も勝れていることを、本願成就の信心に立って、『大経』の本願の方から証明した書物が『教行信証』です。その『大経』の論であることを表すために、冒頭に「大無量寿経　真実の教　浄土真宗」という標挙が掲げられます。

そして、証巻の最後に大切な文章がありますので、見てみましょう。

> しかれば大聖の真言、誠に知りぬ。大涅槃を証することは、願力の回向に藉りてなり。還相の利益は、利他の正意を顕すなり。ここをもって論主（天親）は広大無碍の一心を宣布して、あまねく雑染堪忍の群萠を開化す。宗師（曇鸞）は大悲往還の回向を顕示して、ねんごろに他利利他の深義を弘宣したまえり。仰ぎて奉持すべし、特に頂戴すべしと。
>
> （真宗聖典二九八頁）

この文は、親鸞聖人が教・行・信・証の各巻を顕らかにしてきた最後のまとめですから、心して聞きましょう。「これまで説いてきたことで、称名念仏が願力の回向によって大涅槃を獲る真理の言葉であることが、よく分かったでしょう。ですから釈尊が『大経』を説いたことが、釈迦如来の教化の核心であり、それこそが還相回向の利益なのです。この教えによって世親は、煩悩具足の凡夫でも他力の信心一つで大涅槃の覚りを獲る道を明らかにしてくださいました。曇鸞大師は、阿弥陀如来の他力を往相・還相の二つに開いて、懇切丁寧にも、還相回向は善知識の教化であり、凡夫の分際ではないことを他利利他の深義で教えてくださいました。この教えを仰ぎ、頂戴すべきであると思います」。

この結びの文から、『教行信証』は『大経』（釈尊）、『浄土論』（世親）・『浄土論註』（曇鸞）によって、愚禿釈親鸞の名の下に、凡夫が名号を信じる信心に、本願力の方から大涅槃の覚りを開く仏道を顕らかにしていることがよく分かります。

法然上人は『選択集』で、称名念仏によって凡夫が浄土に往生する念仏往生の仏道を明らかにして、浄土教を完成させました。ところが明恵が『摧邪輪』で、それを徹底的に批判します。彼は、自力無効を基点にして、称名念仏一つに凝集された浄土教が理解できなかったのです。ですから親鸞聖人は、『選択集』が大乗仏教の中で最も勝れていることを証明するために、法然上人の念仏往生の仏道を、大乗の土俵の中に置き直すのです。

その際、浄土教の念仏往生は、『大経』の「現生正定聚」に立って大般涅槃道と言い直します。なぜなら浄土往生と言うと、聖道門と真っ向から対立して、浄土教は凡夫のための方便の仏教ではないかと貶められ、凡夫が覚れるはずがないと再び非難されるからです。しかし大乗仏教はどの宗派であれ、涅槃の覚りを求めて修行しているのですから、念仏往生が涅槃道であると言われれば、誰も文句は言えません。このように、浄土往生を涅槃道にまで根源化し、それが大乗仏教の中で最も勝れていることを証明した書が、親鸞聖人の『教行信証』なのです。

※ **定善・散善**　浄土往生のための自力の行として『観経』に説かれる。定善とは「息慮凝心」（慮を息めて心を凝らす）して、阿弥陀仏とその浄土を観ずること。散善とは「廃悪修善」（悪を廃し善を修する）のこと。合わせて定散二善と言われる。

4 『教行信証』の方法論

私はかつて、大学院のゼミで『教行信証』を学んできました。博士や修士の院生にもなると、担当した文章についてはほぼ完璧に調べてきます。『教行信証』のほとんどが引用文ですから、この引文は『無量寿如来会（むりょうじゅにょらいえ）』の第何番目の願文であるとか、『浄土論註』のどこの文でどういう意味だとか、これは『観経疏』の引文でもともとの読み方を親鸞は読み替えているとか、その内容は実に詳しく多岐にわたっています。ですから経典を始めとする一つひとつの引文の意味はよく分かるのですが、肝心の『教行信証』全体の意味がよく分からないのです。この書を読んでくださっている方の中にも、そのようなもどかしさを感じた方がいるのではないでしょうか。その一番の原因は、『教行信証』はどのような性格の書物で、そもそも親鸞聖人が何を書こうとしているかが明らかではないからです。

皆さんが書店で本を求める時でも、まずその本の題を見ます。そして「はじめに」

と「あとがき」を読んで、この本は何が書かれているかというおおよその見当を付けて買うことが多いでしょう。本を読む時に、著者の意図、つまり何を、どのような方法で明らかにしようとしているのかが分からなければ、いくら中の文章を詳しく詮索しても、その本を理解できるはずがありません。

これまでの記述で、親鸞聖人が『教行信証』で何を顕らかにしたかったかについては、ほぼ見当が付いたと思います。繰り返しになりますが、師である法然上人の『選択集』は、凡夫の仏道を念仏往生として掲げます。しかし、その浄土教に対して、聖道門から承元の法難をはじめとする三回の法難と、興福寺奏状や明恵の『摧邪輪』等の思想的な批判を受けたのです。その批判を要約すれば、浄土教は凡夫を覚りに導く方便であって、法然の言うように称名念仏に覚りが開かれるなんてあり得ないし、凡夫は仏道を歩めない、というものでした。この聖道門からの批判はいつの時代でも起こってきたことで、七祖を始めとする本願の伝統は、それぞれの国や時代が違っても、その批判に応えるために、悪戦苦闘してきた歴史だと見ても間違いではないでしょう。

親鸞聖人もまたその批判に応えるために、『教行信証』の信巻に「三心一心問答」を開いて、凡夫でも他力の信心に涅槃の覚りが開かれる（必可超証大涅槃）ことと、凡夫であっても本願力回向の信心だから生涯仏道を歩める（金剛心の行人）ことを明らかにして、念仏者こそ「真の仏弟子」であることを証明したのです。このようにして浄土教を、大乗仏教の土俵の中に据え直すのが『教行信証』です。要するに親鸞聖人の目標は、念仏による浄土往生を、『大経』によって大乗仏教（大般涅槃道）として掲げ直すことです。そのために浄土三部経だけではなくて、『華厳経』によって「菩提心」や「無碍道」を、『涅槃経』によって「仏性」をというように、大乗の大切な経典も引用しながら、法然上人が明らかにした念仏往生が、大乗仏教の中で最も勝れていることを証明したのです。

ここからはその大仕事にあたって、親鸞聖人が採った方法論、第一章でもふれましたが、なぜ各巻に本願を挙げるという難しい方法を採るのか、その核心はどこにあるのか、そのことを尋ねていきたいと思います。

5　仏道観の転換

衆生の仏道の根拠を『大経』の本願に見出すという方法を、七祖の中で初めて採った先輩が、親鸞聖人がこよなく尊敬した中国の曇鸞大師です。その曇鸞が著された『論註』に、しばらく眼を移してみましょう。

『論註』は、世親の『浄土論』の一字一句の註釈書です。ところがよく読みますと、註釈から外れている部分があります。それが上巻冒頭の「二道釈」と呼ばれる箇所と、上巻末の「八番問答」と呼ばれる箇所です。

二道釈では、龍樹の『十住毘婆沙論（じゅうじゅうびばしゃろん）』の「易行品（いぎょうぼん）」に説かれる阿毘跋致（あびばっち）（不退転の覚り）は、如来の本願力による浄土の正定聚と同じであると説かれます。つまり龍樹は大乗菩薩道の覚りである現生不退（げんしょうふたい）を説いているのですが、曇鸞はそれが、浄土に生まれてから得る正定聚の位であると言うのです。

ここに、大乗菩薩道の覚りを得る道として龍樹が説く信方便（しんほうべん）の易行道（いぎょうどう）は、自力ではなくて、阿弥陀如来の本願力による仏道であることが明らかにされます。ですからこの二道釈は、これから『浄土論』を註釈していく、曇鸞その人の仏道観が表されているところです。要するに曇鸞は、この『論註』で、阿弥陀如来の本願力による仏道を明らかにしたいと表明しているのです。

それに対して上巻末の八番問答は、世親が「願生偈」の最後に「普(あまね)くもろもろの衆生と共に、安楽国に往生せん」と詠われる「もろもろの衆生」とは誰のことかを尋ねているところです。曇鸞は、それを「五逆罪と正法を誹謗する者※」のことであると、尋ね当てます。阿弥陀如来の本願力が救わんとする衆生は、「五逆・誹謗正法」の悪人なのだと言うのですから、この八番問答は、本願の仏道に立った曇鸞その人の人間観を表明している箇所です。

この「二道釈」と「八番問答」とに挟まれたところが「願生偈」の註釈ですから、曇鸞は、世親の『浄土論』を悪人こそが救われていく本願力による仏道として註釈する、と表明していることになります。

もともと『浄土論』は、インドで書かれた書物です。インドでは大乗仏教を菩薩道として表現するのが常識ですから、『大経』の論書でも、世親は菩薩道として表していいます。ところが曇鸞は、「願生偈」が菩薩道の歌であっても、凡夫が救われていく本願の讃歌として註釈するのです。このように曇鸞の『論註』は、単なる『浄土論』の註釈書に止まらない大切な意義を湛えています。

曇鸞は、世親が『浄土論』に表した浄土（誓願による一乗）は、五逆や誹謗正法の者までも漏らさないことを証明します。それによって大乗菩薩道と見えていた『浄土論』を、凡夫が救われていく仏道へと表現し直すのです。つまり大乗菩薩道を、凡夫の仏道に転換したのです。このように註釈という仕事によって仏道観を転換したことが、曇鸞の『論註』の最大の功績です。

親鸞聖人はその『論註』に導かれて、曇鸞とは反対に『教行信証』では、凡夫の念仏往生を大乗仏教に転換したのだと思われます。くどいようですが、曇鸞の『論註』は大乗の菩薩道を凡夫の仏道へ。親鸞の『教行信証』は、凡夫の念仏往生を大乗仏教へ。このように『論註』と『教行信証』とは、まるで反対の方向をもちながら、仏道観を転換するというお仕事は共通なのです。ですから『教行信証』の一番参考になった書物が、世親の『浄土論』と曇鸞の『論註』です。そのお二人の名をいただいて、親鸞の名の下で『教行信証』が書かれた理由が、お分かりいただけると思います。

※ **五逆・誹謗正法**　父や母を殺害するなどの五つの重罪を犯す者と、仏法を謗る者。『大経』の第十八願に、「唯除五逆誹謗正法（唯五逆と正法を誹謗せんをば除く）」と、本願の救いから除くとされる存在が示されており、「唯除の文」と言われる。

6　三願的証

『論註』は、大乗菩薩道を「五逆罪と正法を誹謗する者」こそ救われる凡夫の仏道に転換するのですから、曇鸞は註釈の全体にわたって非常に苦労しています。特に『論註』下巻の巻末では、菩薩が南無阿弥陀仏（五念門）によって「速に阿耨多羅三藐三菩提（涅槃の覚り）を成就することを得る」のはなぜかを尋ねて、「覈に其の本を求むるに、阿弥陀如来を増上縁となす」と言い、「阿弥陀如来の本願力に縁るが故なり」と言います。つまり曇鸞は、「菩薩が涅槃の覚りを得る根元を尋ねると、阿弥陀如来の本願力に縁るからである」と尋ね当てるのです。『浄土論』の註釈ですからここまでの主語は菩薩ですが、曇鸞の意中は、当然唯除の凡夫をも包むものです。

凡夫は覚れないというのが大乗仏教の常識でしたから、曇鸞は『論註』の一番最後で、その常識を破る最も根源的な問題に切り込んで、凡夫が速やかに涅槃の覚りを得ることができるのは「阿弥陀如来の本願力に縁る」と明確に答えます。ここに一切衆生を仏道に立たせる、如来の誓願不可思議が明らかにされることになります。

曇鸞はこの後、その誓願不思議を証明するために、四十八願の中から具体的に三つの願を選んで掲げます。それは、第一に「第十八願・至心信楽の願」、第二に「第十一願・必至滅度の願」、そして最後に「第二十二願・還相回向の願」の三願です。つまり凡夫が速やかに涅槃の覚りを得る道に立つのは、具体的にこの三つの本願力に支えられて実現することが明らかにされるのです。

少し難しいので解説しておきます。第十一願・必至滅度の願とは、浄土に生まれた衆生が正定聚の位に立って、必ず涅槃の覚りを得る者になることが誓われる願です。第十八願・至心信楽の願とは、必至滅度の願で誓われている内容のすべてが、凡夫の他力の信心に実現されるようにと誓われる願です。この二つの願は如来がそれを実現して如来になろうとする自利の願です。

第二十二願・還相回向の願は、一切衆生に涅槃の覚りを普賢菩薩のような教化として届けたいという利他の願です。如来の利他をこの世で具体的に示してくださるのは、浄土から還ってきたという意味を湛えた善知識の教化です。師の教化によって、我われ凡夫は信心による涅槃道に立たされるのです。

このように『論註』は巻末になって、第十八願・至心信楽の願と第十一願・必至滅度の願と第二十二願・還相回向の願とを挙げて、この如来の自利利他を表す三願のはたらきによって、衆生の仏道が完成されると説くのです。それを衆生の方から言い直せば、他力の信心（第十八願）によって涅槃（第十一願）への道が確定される、その道は浄土から還相した善知識の教え（第二十二願）によって貫徹されると言っているのです。ここに、阿弥陀如来の三つの本願力を挙げて、凡夫の大般涅槃道の的（たし）かな証拠としたので、これを「三願的証（さんがんてきしょう）」と呼びます。

このように曇鸞は、七祖の中で初めて、具体的な本願まで挙げて、凡夫が必ず仏に成る道を明らかに示したのです。親鸞聖人の『教行信証』が顕らかにしているのは、本願力によって凡夫が必ず仏に成っていく道ですから、『法華経』の自力の仏道とは違います。『教行信証』の各巻が、如来の本願によって成り立っていることが、それを象徴しています。そういう仏道観を、『教行信証』に先だって表しているのが曇鸞の『論註』の「三願的証」という箇所です。親鸞聖人はこの曇鸞の教えに大きな開眼をして、各巻の標挙に本願を掲げたのだと思われます。

7　『教行信証』の標挙

最初にもお話ししましたが、親鸞聖人の『教行信証』には曇鸞の「三願的証」よりも多い、真仮八願が挙げられています。

教巻は「大無量寿経　真実の教　浄土真宗」（真宗聖典 一五〇頁）と、願名は挙げられずに『大経』が掲げられ、以下、各巻に標挙として、次のように本願が掲げられています。

行巻　諸仏称名の願（第十七願）　浄土真実の行　選択本願の行

（真宗聖典　一五六頁）

信巻　至心信楽の願（第十八願）　正定聚の機

（真宗聖典　二一〇頁）

証巻　必至滅度の願（第十一願）　難思議往生

（真宗聖典　二七九頁）

真仏土巻　光明無量の願（第十二願）　寿命無量の願（第十三願）

（真宗聖典　二九九頁）

方便化身土巻

無量寿仏観経の意　至心発願の願（第十九願）　邪定聚機　双樹林下往生

阿弥陀経の意なり　至心回向の願（第二十願）　不定聚機　難思往生

（真宗聖典　三二五頁）

この他に証巻の還相回向が始まるところに、第二十二願・還相回向の願名が挙げられます。親鸞聖人は、『大経』の四十八願の中でこの八願のみを選び出し、『教行信証』を構成します。それは法然上人との出遇いで本願の念仏に開眼し、凡夫であっても大涅槃の覚りに包み、生涯大涅槃に向かって仏道を歩ませる願のみを掲げているからです。いかにも実践的なこの方法は、曇鸞の「三願的証」から教えられたことと、親鸞聖人の『大経』の身読によると思われます。実は『大経』の中には、この真仮八願の成就文が説かれています。法然上人との出遇いの体験を、『大経』の成就文によって思想化した、その思想表現が『教行信証』です。このように全体が阿弥陀如来の本願によって表現された文類ですから、親鸞の私心はどこにもありません。『教行信証』が『大経』の覚りに相応した「無我の書」という意味をもつ決定的な理由です。

そこで、次からは親鸞聖人がどのように『大経』を読まれたのか、『教行信証』の視点から尋ねていきたいと思います。

第六章　親鸞聖人の『大経』了解
―『教行信証』の視点から―

Ⅰ　『大経』上巻──阿弥陀如来のご苦労と浄土の荘厳──

1　親鸞聖人の『大経』の読み方

親鸞聖人が『大経』をどこから読んでいったかは、『教行信証』の教巻を見ればすぐに分かります。教巻は『大経』がなぜ真実教かを証明しているのですが、そこには『大経』冒頭の発起序（ほっきじょ）、特に出世本懐の文を中心に引文されます。発起序とは、『大経』が説き出される動機や因縁が説かれる部分です。この引文に続けて、『大経』の異訳本である『無量寿如来会（にょらいえ）』と『平等覚経（びょうどうがくきょう）』からも同じ箇所が引かれますから、親鸞聖人は、発起序から『大経』の全体を読んでいったことが分かります。

親鸞聖人の体験から言えば、法然上人の「ただ念仏して、弥陀にたすけられまいらすべし」という教えとの出遇いによって『大経』の本願の世界に目を開いたわけですから、ご自身の体験と重なる発起序から読むのも当然かと思われます。

親鸞聖人の『大経』の読み方は、聖道門をはじめとする学問や教理ではなくて、実に体験的、実践的です。この身全体が救われていく仏道は、学問や教理ではありません。宿業の身に一人称で泣きながら、本願の声を聞き開いていくことしかありません。その最先端の出来事が善知識との出遇いですから、親鸞聖人は、釈尊と阿難との出遇いに耳を澄ませながら、阿弥陀如来の本願の世界に入っていくのです。

それでは、まず教巻の教えを聞いてみましょう。教巻では

何をもってか、出世の大事なりと知ることを得るとならば、（真宗聖典　一五二頁）

という親鸞聖人の文から、『大経』の引文が始まります。「何によって『大経』が、一乗の真実を説く出世本懐経であると知ることができるかと言えば」という意味ですが、このような文を冠して経典の引文が始まるのは、『教行信証』ではここだけで

す。それだけに、この文は大切です。

この「出世の大事」という言葉は、『法華経』の「方便品」に説かれる「一大事因縁」を意識していると思われます。『法華経』では釈尊の出世本懐が、「諸仏世尊は、ただ一大事因縁を以ての故に世に出現したまう」と説かれています。「釈尊をはじめとする諸仏は、ただ一乗の真実を説くために、この世に出現なさったのです」という意味です。この「一大事因縁」とは「一乗の真実」を言うのですから、『法華経』では「一乗の真実」を説くために、釈尊はこの世にお出ましになったと説かれるのです。

しかし、「一乗の真実」は阿弥陀の誓願によってしか実現しないのですから、「何をもってか、出世の大事なりと知ることを得るとならば」という言葉は、『法華経』を意識しながら、親鸞聖人が、本願を説く『大経』こそ本当の出世本懐経であると言っていることになります。

すでに述べたように、大乗仏教では出世本懐経が二つあります。『大経』と『法華経』ですが、どちらもよく学んでいた親鸞聖人が、凡夫として救われた本願の教えこそ真の一乗であるという確信を踏まえて、出世本懐経は『大経』であると表明しています。ここに『大経』の仏者である、親鸞聖人の面目が輝いているのです。

2　阿難の問い

発起序の引文は

『大無量寿経』に言わく、今日世尊、諸根悦予し姿色清浄にして、光顔巍巍とましますこと、明らかなる鏡、浄き影表裏を暢るがごとし。威容顕曜にして、超絶したまえること無量なり。未だかつて瞻覩せず、殊妙なること今のごとくましますをば。

（真宗聖典　一五二～一五三頁）

という文章から始まります。つまり、「『大経』に次のように説かれています、今日の世尊は、身体中が悦びに満ち溢れ、そのお姿は清浄で、お顔は光り輝きヒマラヤの嶺よりも気高くおわします。太陽や月の光は鏡にはね返されますが、世尊の智慧の光は、浄らかな鏡の表裏を貫き通るようです。そのお姿は、優れた徳によって光り輝き、この世の一切を超絶して無量です。未だかつて私は、このような優れた妙なるお姿を、拝見したことがありません」という、阿難の驚きの言葉です。

阿難が思わず発しているように、ここには釈尊との出遇いが、智慧の光に照らされた感動と、この世の一切を超絶した無量寿の感動として語られています。太陽や月の光は心にまでは届きませんが、阿難の無明の闇を照らし出す無碍光として拝まれているのです。

智慧の光と言っても特別なものではなくて、釈尊の説法です。私たちは教えの言葉を、最初は一生懸命に理解しようとして聞法に励みます。しかし仏の教えは、分別（人間のもつ知恵や理性）を超えていますから、なかなか理解することはできません。それでも聞法の苦労を重ね、やがて時機が熟して、南無阿弥陀仏に頭が下がった時には、教えの言葉が理解の対象ではなくて、人間存在の全体を照らし出す智慧の光に転じるのです。教えの言葉が、存在そのものの愚かさを照らし出す、智慧の光に変わるのです。この無碍光に、善し悪し、優劣、勝ち負けの奥に潜む、自己執着に地獄の本があると、照らし出されるのです。

私たちは相対の比較の中で苦しみますが、それをつくり出している本が、自己執着の愚痴の煩悩です。そこに光が当たれば、相対比較が愚かであると知らされて、生きることも南無阿弥陀仏の姿であり、死ぬことも南無阿弥陀仏の姿であるような、相対を超えた無量寿のいのちに目覚めていくのです。

この無量寿・無量光は、阿弥陀如来そのもののはたらきですから、釈尊の教えの中に阿難は、阿弥陀如来を拝しているのです。ですから、この出遇いを契機にして、やがて如来の本願が説かれていくことになります。

先の文に続けて阿難は、自身の感動の内容を次のように述べます。

今日、世尊、奇特の法に住したまえり。今日、世雄、仏の所住に住したまえり。
今日、世眼、導師の行に住したまえり。今日、世英、最勝の道に住したまえり。
今日、天尊、如来の徳を行じたまえり。去来現の仏、仏と仏とあい念じたまえ

り。今の仏も諸仏を念じたまうこと、なきことを得んや。何がゆえぞ威神の光、光いまし爾る

（真宗聖典　一五三頁）

この阿難の問いの意味は、次のようです。「今日の世尊は、特に優れた法に立っておられます。今日、世間の雄者としての世尊は、仏の境地に立っておられます。今日、世間を見抜く智慧をもっている世尊は、一切衆生を導く導師として立っておられます。今日、世間において智慧優れた世尊は、この世で最も勝れた道に立っておられます。今日、諸天中最尊の世尊は、如来の真の徳を実践しておられます。過去の仏と未来の仏と現在の仏は、お互いに念じ合っておられます。今日の世尊もそのとおりに、諸仏を念じておられます。どうして今日は、世尊の威神の智慧が、このように光り輝いておられるのでしょうか」。

「今日」と言って、世尊の如来としての徳を五つ誉めるところは、「五徳瑞現」と言われます。ここは如来の光明無量のはたらきを、五つに開いて述べたところです。また「今日」と言って、仏と仏とがお互いに念じ合っているところは、「仏仏相念」と

言われます。ここは過去・現在・未来をつらぬいてはたらく、無量寿を述べたところです。如来の真実に遇った感動は、いつであっても「今」として表現されます。「今」善知識との出遇いによって、「今」世を超えた無量寿に遇うのです。娑婆と超世の今が重なりますから、この超世の感動を先学は、「永遠の今」という言葉で教えています。阿難は、その「今日」の感動を述べて、その理由を問うのです。

3　出世本懐

阿難が感動して述べた五徳瑞現は如来の徳を誉めたものですが、阿難は未離欲の仏弟子ですから、真実の教えに遇ったとはいえ、如来の徳をこれだけ明確に述べるだけでも驚くべきことです。

それに加えて去来現の仏仏相念が説かれます。過去の仏は『大経』の中で説かれる、過去五十三仏です。未来の仏は、五十六億七千万年経って仏に成る弥勒菩薩です。現在の仏は、釈尊をとおして、「今日」阿難が拝している阿弥陀如来です。阿弥陀如来を根源仏として、過去と未来を貫く無量寿にふれた感動を述べているのでしょうが、未離欲の阿難が仏と仏との世界に眼を開いているのですから、これもまた驚くべきことです。

ですから釈尊の方から、

諸天の汝(なんじ)を教えて来(きた)して仏に問わしむるか、自ら慧見(えけん)をもって威顔(いげん)を問えるか

（真宗聖典　一五三頁）

と、聞くのです。つまり「阿難よ、天の諸々の神に教えられて、如来としての威顔の理由を問うているのか、それともあなた自身の智慧で問うているのか」と、阿難に確かめるのです。

なぜなら、これまでの聖道門の教えでは五十の段階を登り詰めて、等覚・妙覚という如来の覚りに到達している菩薩でなければ、如来は分からないはずだからです。以前にも述べましたが、大乗仏教の修行の階梯は、十信、十住、十行、十回向、十

地、等覚、妙覚、の五十二段階に分けられています。出家し戒律を保って、まず初めに十信という取るに足らない凡夫（外凡夫）の境地を修行によって越え、十住、十行、十回向という優れた凡夫（内凡夫）の境地をも越えて修行に励みます。やがて菩薩の位に登り、七地沈空という菩薩の難関を突破して十地の菩薩道を全うし、如来の覚りに等しい等覚の位に就き、如来の覚りそのものである妙覚にまで到達するのです。

本来この等覚、妙覚に到達しなければ、如来の覚りの内容など分かるはずはありません。ところが未離欲の阿難が、その如来の覚りの世界のことを問うのですから、釈尊の方から問いの出所を確かめたのです。それはこれまでの仏教の説き方では、まったく理解できない、不思議な出遇いが起こっているからです。

その問いに阿難は

諸天の来（きた）りて我（われ）を教うる者、あることなけん。自ら所見をもって、この義を問いたてまつるならくのみ　（同前）

と答えています。この「誰からも教えてもらっていません。私が自分で見たままの意義を問うただけです」という阿難の答えを受けて、釈尊がご自身の出世本懐を説かれるのです。

善いかな阿難、問えるところ甚だ快し。深き智慧、真妙の弁才を発して、衆生を愍念せんとして、この慧義を問えり。如来、無蓋の大悲をもって三界を矜哀したまう。世に出興する所以は、道教を光闡して、群萌を拯い、恵むに真実の利をもってせんと欲してなり。無量億劫に値いがたく、見たてまつりがたきこと、霊瑞華の時あって時にいまし出ずるがごとし。今問えるところは饒益するところ多し。一切の諸天・人民を開化す。阿難、当に知るべし、如来の正覚はその智量りがたくして、導御したまうところ多し。慧見無碍にして、よく遏絶することなし

（同前）

この文の意味は、次のようです。「善いかな阿難よ、あなたの問いは実に素晴らしい問いである。深い智慧と妙なる言葉の才能を発揮して、覚りを悟ることができない一切衆生を哀れむ心によって、この優れたいわれを問うたのである。如来は、蓋をすることができない大悲によって、欲界・色界・無色界の迷いの世界を哀れんで、この世に出てきたのである。その出世の本懐は、この三界で仏道を明らかにして群萠を救うために、一切衆生に阿弥陀如来の本願の教えを恵みたいと欲ってのことである。この如来に値うことは真に難しく、無量億劫にも値うことは容易ではない。例えば、霊瑞華が三千年に一度、花開くようなものである。しかるに今あなたの問いは、人々を利益するところが大きい。一切の諸天と衆生を教化して、仏道に立たせることができる。阿難よ、当に知るがよい。如来の覚りの智慧ははかり難く、衆生を導くことも広く限りがない。その智慧を障碍するものは何もなく、これを隔て止める何ものもない」。

釈尊の出世本懐がここまで詳しく正確に述べられるのは、所依の『大経』しかありません。この出世本懐の明確さが、親鸞聖人が康僧鎧訳の『大無量寿経』を所依の経典にした理由の一つだと思われます。ここに、「群萠を救うために、阿弥陀如来の本願を説く」という浄土の教えが、一切衆生に開かれることになるのです。

「群萌」とは、乾期に人に踏み潰されて赤茶けて見えるインドの大地が、雨期に一斉に緑の絨毯に変わる、雑草のことです。ですから『大経』では、これまでの仏教で見捨てられていた人々にこそ阿弥陀の大悲が恵まれ、その人々をこそ救うと宣言しているのです。

この阿難の問いを契機にして説かれる本願の教えは、これまでの聖道門とは反対の方向性をもっています。覚りを目指して修行するのではなくて、仏教に縁をもたない一切衆生を救う教えです。その凡夫を代表した阿難の問いに促されて、釈迦如来の出世本懐が説かれます。如来は衆生を一人残らず救い取ってこそ、如来であることが証明されます。ですから阿難の問いこそが、釈尊をして本当の如来にせしめたことになります。

「善いかな阿難、問えるところ甚だ快し。深き智慧、真妙の弁才を発して、衆生を愍念せんとして、この慧義を問えり」というのは、それを褒めているのでしょう。

「阿難、よくぞ問うてくれた。あなたには分からないかもしれませんが、あなたの問いは限りなく深く、真実に根ざした智慧から、覚りが悟れない凡夫を代表して問うているのですよ。今日こそ、あなたの問いに答えて、世界中の覚りを悟ることができない凡夫でも、如来が分かる教えを説く日がついにやってきた」という意味です。

ここに、これまでの大乗仏教とは異質な、凡夫でも阿弥陀如来を信じることによって如来の世界が開かれるという、浄土の教えが説かれることになったのです。

4　世自在王仏と国王との出遇い

私たちは様々な人との出会いによって、人間として成長します。生まれた国や家庭環境、両親や先生や友達との出会いによって、いいことも悪いことも、すべてが私自身の内容になります。意識しようがしまいが、そのすべてが自分なのです。もしもこれは両親、これは先生、これは友達とその影響を一つずつ取り除くことができるならば、自分といってもゼロになってしまうでしょう。

その人間の在り様を如来の方が見抜いて、念仏の教えとの出遇いだけで、仏教が衆生のものになっていく道が説かれるのです。これまでの、出家し戒律を保って修行するという仏教とは違いますが、私たちの能力や資質や努力とは無関係に、実に教えとの出遇いの中で出世間の真実が開かれるのですから、それだけでも『大経』は素晴らしいと思いませんか。

このように念仏の教えは、衆生の能力や努力を問わないのですから、如来の方のご苦労と大悲が込もっているのです。ただ、聞法によって阿弥陀如来を信じることができるかどうかだけが、衆生の責任になります。

『大経』で釈尊は、凡夫の信心に如来の真実が開かれるのは、阿弥陀如来の本願によるからだと説くことになります。出世本懐を受けて本願の教えが始まりますが、そこも世自在王仏と国王との出遇いから始まるのです。それを拝読してみましょう。

　時に国王ましましき。仏の説法を聞きて心に悦予を懐き、尋ち無上正真道の意を発しき。国を棄て、王を捐てて、行じて沙門と作り、号して法蔵と曰いき。

（真宗聖典　一〇頁）

「無上正真道」とは、比べることを超えた真実の仏道という意味です。ですから、ある国王が、世自在王仏の説法を聞いて、比べる必要のない仏道に立ちたいという心を発して、国王の位を棄てて法蔵という沙門になるというところから、本願の教えが説かれるのです。

私たちがこの世を生きる時には、金や地位や名誉を求めて生きていきます。そのすべてを手に入れているのが国王ですから、象徴的に言えば、世間を生きる私たちは多かれ少なかれ国王になることを求めていると言ってもいいのでしょう。ところが本願の教えは、国王の位を捨てるところから始まるのですから、どのような人の中にも世間のものでは絶対に満足できない心があることを、教えているのでしょう。

世自在王仏は、国王とは反対に、世間のものは何一つ持っていません。しかしその名前で分かるように、世間の制約の中にあってしかも自在なのです。その世自在王仏を見て国王の位を捨てたのですから、自分が本当に願っているものは世間のものではなくて、あらゆる制約を超えた出世間の自由と平等なのだということが教えられているのです。

生死からも自分自身からも解放されて自由な世自在王仏を見て、何ものとも比べる必要のない自体満足で尊貴ないのちに目覚めたい、国王は自分の本当の願いに目覚めて法蔵菩薩になったのです。おそらく世自在王仏と法蔵菩薩との出遇いは、釈尊と阿難との出遇いの内面に起こっている、深い意味を教えているのでしょうから、釈尊が世自在王仏なら阿難は法蔵菩薩なのでしょう。

5　五劫思惟

法蔵菩薩は、その出遇いの感動を「嘆仏偈」で

> 光顔巍巍として、威神極まりましまさず。かくのごときの焔明、与に等しき者なし。日月・摩尼　珠光・焔耀もみなことごとく隠蔽して、猶し聚墨のごとし。
>
> （真宗聖典　一一頁）

と詠います。「世尊（世自在王仏）のお顔は、気高く厳かで、智慧の力は極まりなく大きく、そのみ光は並ぶものもありません。その輝きのまえには、太陽や月の光も宝石の輝きもすべて大光明におおわれて、まるで墨のかたまりのようです」と、阿難が釈尊を誉めた時とまったく同じ言葉で讃嘆します。この「嘆仏偈」ではこの後、「私が仏と成った時、その国土を十方の世界の中で、第一とならしめたい。（中略）私は慈悲をもって、一切の衆生に涅槃の覚りを悟らせたい」と、法蔵菩薩は自身の願いを表明し、最後に「たとえ自分の身が阿鼻地獄に沈んだとしても、私は修行に精進して、それを忍んで最後まで後悔はありません」と詠って、「嘆仏偈」が終わるのです。ここに、これから説かれる阿弥陀如来の五劫の思惟と兆載永劫のご苦労が、象徴的に詠われています。

五劫の思惟とは、法蔵菩薩が永遠の時間考え抜いて、四十八願を建てたご苦労を言います。それが何のためかと言うと、『大経』では、次のように説かれるのです。法蔵菩薩は、浄土によって「もろもろの生死・勤苦の本を抜かしめん」（真宗聖典　一三頁）と願います。つまり一切衆生を浄土に生まれさせて、生きることを善しとし死ぬことを受け入れられない人間の相対的な分別を破って、その苦悩の根源を除きたいと願うのです。師の世自在王仏は、法蔵菩薩の願いに応えて二百一十億の諸仏の浄土を見せます。法蔵菩薩は、その中から群萌を救うために必要なことは何かを、五劫もの永遠の間思惟して、浄土建立のための清浄な実践行を選び取るのです。この法蔵菩薩のご苦労を五劫思惟と言います。

その後、世自在王仏は、法蔵菩薩に今こそその願いを表明して、一切衆生に道心を発させて大きな悦びを与えなさいと勧めます。それに応えて法蔵菩薩が、四十八の本願を説き出すのです。

6　阿弥陀如来の本願

『大経』の本願とは、この法蔵菩薩の四十八願のことですが、全体のおおまかな見当をつけるためにも、そのいくつかを見てみましょう。

まず、第一「無三悪趣の願」は

たとい我、仏を得んに、国に地獄・餓鬼・畜生あらば、正覚を取らじ。

（真宗聖典　一五頁）

と説かれています。「もしわたし（法蔵菩薩）が仏になったとしても、安楽浄土に、地獄・餓鬼・畜生があるなら阿弥陀仏にはならない」と誓われています。

第二「不更悪趣の願」は

たとい我、仏を得んに、国の中の人天、寿終わりての後、また三悪道に更らば、正覚を取らじ。

（同前）

と説かれます。「もしわたしが仏になったとしても、浄土に生まれたものが寿終わって更び三悪道に返るならば、阿弥陀仏にはならない」と誓われます。

第三「悉皆金色の願」は

たとい我、仏を得んに、国の中の人天、ことごとく真金色ならずんば、正覚を取らじ。（同前）

と説かれます。「もしわたしが仏になったとしても、浄土に生まれたものがみな金色にならなければ、阿弥陀仏にはならない」と誓われています。

第四「無有好醜の願」は

たとい我、仏を得んに、国の中の人天、形色不同にして、好醜あらば、正覚を取らじ。（真宗聖典　一五～一六頁）

と説かれます。「もしわたしが仏になったとしても、浄土に生まれたものの中に、美しい、醜いがあれば、阿弥陀仏にはならない」と誓われています。

さらに、四十八願の中で最も大切な第十八願では、

> たとい我、仏を得んに、十方衆生、心を至し信楽して我が国に生まれんと欲うて、乃至十念せん。もし生まれずは、正覚を取らじ。唯五逆と正法を誹謗せんをば除く。
> （真宗聖典　一八頁）

と説かれます。「もしわたしが仏になったとしても、一切の衆生が阿弥陀如来を信じて浄土に生まれたいと欲って念仏を称えて、もし生まれなかったならば阿弥陀仏にはならない。ただし五逆罪と仏法を誹謗する自力のものは除く」と誓われています。

このように四十八の本願が展開していきます。しかしよく考えてみますと、そもそも浄土は仏さまの世界ですから、第一願で説かれる地獄・餓鬼・畜生の三悪道などはないはずです。また浄土に生まれたものは無量寿を得るのですから、第二願に説かれるように生まれ変わったり死んだりするはずはありません。ですからこれらの本願は、浄土がどのような世界かを表しているのではなくて、三悪道を生きる我われ衆生

の本当の姿を教えようとしているのではないでしょうか。一切衆生を見抜いた阿弥陀如来の智慧が輝くこれらの願について、本願の成就という視点から、もう少し立ち入って考えてみたいと思います。

まず、第一の「無三悪趣の願」から見てみましょう。この願では、「如来の覚りの世界には地獄・餓鬼・畜生があるはずはありません。三悪道を経巡っているのは娑婆のあなたたちです。いや、もう少し正確に、地獄をつくっているのはあなたの自力です」親鸞聖人はそう教えられて、「いずれの行もおよびがたき身なれば、とても地獄は一定すみかぞかし」と、表明したのではないでしょうか。

第二の「不更悪趣の願」では、「自殺と戦争を繰り返す三悪道は、今だけではありません。人類始まって以来、生まれかわり死にかわりしてきた過去から未来にわたって、あなたの自力の身の歴史（宿業の身）が三悪道を繰り返してきたのです」と教えられているのではないでしょうか。

第三の「悉皆金色の願」では、「あなたたちは肌の色や民族の違いで殺し合いを繰り返しています。ですから、浄土に生まれたものは、阿弥陀如来の色と同じ金色になって、比べることを突破しなさい」と誓われているのです。

第四の「無有好醜の願」では、「あなたたちは好き嫌い、美しい醜いで比べあい、三悪道を経巡って、地獄をつくっています。浄土に生まれたものは、他と比べる必要のないものになって、好き嫌い美しい醜いということがないように」と誓われているのです。

最も大切な第十八の「至心信楽の願」には、「「如来よりたまわりたる信心」（真宗聖典　六三九頁）によって愚かな自力を突破しなさい。その信心によって念仏して、阿弥陀の浄土に生まれたいと願いなさい。念仏して浄土に生まれなければ、わたしは阿弥陀になりません。ただし五逆の罪や仏法を誹謗するような自力のものは絶対に浄土に入れません」と誓われているのです。

このように阿弥陀如来の大悲の智慧は、人間の知識では分からない自力の愚かさを徹底的に教えて、「他力の信心によってそれを突破しなさい。そこに開かれる阿弥陀の浄土は、自我で比べることも、肌の色の違いも、美しい醜いということも超えた自体満足の世界です。比べる必要がないほど、平等なことはありません。それが、このままで充分だという絶対幸福を開くのですよ」と教えているのです。

7 「三誓偈」

さて法蔵菩薩は、世自在王仏の前でこの四十八願を説き出すのですが、それを終えるとすぐに、「三誓偈」を詠います。四十八願と重ねて説かれますので「重誓偈」とも呼ばれて勤行にもよく使われますが、そこに次の三つの願いが表明されます。

まず第一に

> 我、超世の願を建つ、必ず無上道に至らん、この願満足せずは、誓う、正覚を成らじ。
> （真宗聖典　二五頁）

と、誓われます。「私は、衆生を必ず世を超えた無上の仏道に立たせて、大涅槃の覚りを得しめるであろう。もしこの願が満足しないならば、誓って阿弥陀仏にはならない」と、この願では「超世」が誓われます。仏教であればどの宗派であっても「超世」の救いが説かれます。この「超世」が仏教全体の共通の願いですから、総ての仏教を包むという意味で、この願は総願と言われます。法蔵菩薩もまずこの願を、第一に誓うのです。

第二は

我、無量劫において、大施主となりて普くもろもろの貧苦を済わずは、誓う、正覚を成らじ。（同前）

と、誓います。「私は、無量劫の間大施主となって、一切の知恵や能力のない凡夫に普くそれを施して、その苦を救うことができないならば、誓って阿弥陀仏にはならない」と、この願では「凡夫の救い」が誓われます。

第三は

我、仏道を成るに至りて、名声十方に超えん。究竟して聞ゆるところなくは、誓う、正覚を成らじ。（同前）

と、誓います。「私は、本願の名号によって一切衆生を救い、仏道を完成させたい。わが名が十方に超えて衆生に聞こえ響くことがないならば、誓って阿弥陀仏にはならない」と、この願では「名声」によって一切衆生を救い取ることが誓われます。名号は衆生には本願の声として届くので、ここでは「名声」と誓われているのです。

第三の「凡夫の救い」と、この第三の「名号による救い」は、阿弥陀如来だけで他の仏にはない特別な願ですから、総願に対して別願と言われます。

「三誓偈」ではこの三つの願が誓われますが、四十八願を説き終わって直ぐに詠われますので、法蔵菩薩の四十八願はこの三つの願に収まるのだと思われます。まず第一に大涅槃の覚りによる「超世」が誓われました。さらに阿弥陀如来だけの特別な願が、「凡夫の救い」と「本願の名号」の二つでした。したがって、一切の群萌を仏のみ名によって大涅槃の覚りにまで導いて救いたい。この三つが法蔵菩薩の四十八願全体の根源的な意味であって、阿弥陀如来の本願の大切な特徴なのでしょう。その意味で「超世」、「凡夫の救い」、「本願の名号」の三つが、釈尊が『大経』で教えている、「真宗大綱(たいこう)」であると思われます。

大綱とは地引き網を引く時の大きな網のことですが、これが切れると網ではなくなります。それと同じように「超世」、「凡夫の救い」、「本願の名号」のどれ一つが欠けても、浄土真宗ではなくなるのです。親鸞聖人は『教行信証』の大切な箇所で何度も真宗大綱を述べますが、『大経』に従ってこの三つで真宗大綱を述べるのです。

この「三誓偈」が終わると、一切凡夫の救いのために浄土を建立し、十方の衆生を往生させるために名号一つを選び取るという、法蔵菩薩の兆載永劫の修行が説かれます。その後は、光明無量・寿命無量を核とする阿弥陀如来の浄土の優れたはたらきが説かれますので、『大経』の上巻は、群萌を救おうとする阿弥陀如来のご苦労と浄土の荘厳が中心に説かれているのです。

Ⅱ　『大経』下巻—衆生に実現する仏道—

1　どうすれば浄土に往生できるのか

さて、『大経』上巻では、浄土を建立し一切衆生を救おうとする如来のご苦労が説かれますが、それに対して下巻の方は、上巻で説かれた浄土にどうしたら衆生が往生できるのかに焦点が当てられています。ですから、『大経』の下巻こそ、我われにとって特に重要な箇所になります。

そもそも釈尊が説く阿弥陀如来の本願とは何でしょうか。それが分かれば救いが得られるのでしょうが、考える手がかりとして、少し見当を付けておきましょう。

戦後の日本を見れば分かるように、我われは豊かさと健康、さらに便利に速く快適にということを求めてきました。それがある程度実現した現代では、かえって心が貧しく空しく孤独になっています。なぜなら、それらは人間の欲望を実現させようとしているだけのことですから、そんなところに人間の救いや将来の展望があるはずがありません。それどころか、自己主張がぶつかり合って、国家的な戦争やテロが繰り返され、それを突破する方向さえ見失って、将来が重苦しい閉塞した情況になっています。

その根源的な理由は、自己肯定に立って、外に向かって欲望の充足のみに関わり果てている人間の在り方に、問題があるのでしょう。外に向かって自由と平等を求めるなら、究極的には、それを遮るものと戦い、結局は殺し合いにならざるを得ません。それを外道と言います。

それに対して本願の仏道は、自己の内に、本当に求めている願いを尋ね尽くし、比べることや自我さえも突破して、一如の仏さまの世界を開くのです。それは、内に人間を超えようとする内観道です。その意味では、仏道だけが徹底した人間否定に立つのです。

また後述しますが、『大経』下巻の三毒五悪段（真宗聖典　五八頁〜）では、深い自己執着（愚痴）とそれを中心にする貪欲と瞋恚の欲望こそが、人間の本性であると説かれます。この箇所は、念仏往生という我われの念仏生活が説かれるのですが、釈尊は、阿弥陀如来の本願力によって三毒の煩悩※を超えて往けと、誡めています。如来の本願力によって、人間の欲を超える者に成れと説くのです。それだけが、現代の人間世界を救う道だからです。そうであれば地道であっても、本願に生きる者を一人でも教化すること、それが私たちの責任であると思います。

※　**三毒の煩悩**　貪欲（貪り）・瞋恚（瞋り）・愚痴（愚かさ）の三つの煩悩。

2　本願とは何か

ところで、我われの記憶にはありませんが、赤ちゃんの時には自我がまだありませんから、犬も猫も草も木もすべてのいのちと同じいのちを生きていたのではないでしょうか。そこでは自分への執着もありませんし、自分を中心に考えることもできませんから、内も外も一つです。自我ができてからの人間の意識は、自分を中心にして善いか悪いか勝つか負けるかと、相対的にしか考えることができませんが、赤ちゃんの時は環境も主体も一つ、一如です。その一如の世界を、仏さまの世界と考えても間違いではありません。

言葉によって四歳か五歳頃に自我が生まれると、記憶以前の一如の世界などまるでなかったかのようです。しかし記憶にはありませんが、我われの意識を超えた存在の深みに、かつて経験していた仏さまの世界が生きてはたらいているのではないでしょうか。

もし仮に人間が自我だけで生きているとするなら、勝つか負けるかしかありませんから、喧嘩で勝ったら喜べばいいのでしょうが、勝ってもなぜか反省します。それは自我を超えたものと、関係している証拠でしょう。

また、人間の歴史は戦争の歴史ですが、一体、殺し合いなど世界中の誰が望んでいるでしょうか。生きとし生けるものは「いのちみな生きらるべし」、それが一切の人類の祈りでしょう。その祈りは、世間を超えた仏さまの世界からの促しのように感じます。

だとすれば、赤ちゃんの時に経験していた仏さまの世界こそが人間存在の根源的な故郷でしょう。そこからのはたらきを、『大経』は阿弥陀如来の本願力と教えているのではないでしょうか。ですから、浄土からの阿弥陀如来の名告り(なのり)である南無阿弥陀仏には、世間の分別を破る智慧が湛えられています。我われの方は、その名号の意義を聞法の苦労の中で聞き取る以外にはありません。

やがて時機が熟して南無阿弥陀仏がこの身に届いた時には、世間の欲に汚れていない本願の智慧の光に、自分中心の執着こそが地獄をつくっていると照らし出されるのです。その時、凡夫のままで本願力の方から開かれた大涅槃の覚りに包まれて、欲望の身だからこそ、大涅槃に向かって歩もうとする仏道に立たされるのです。それは三毒の欲を超えて、人間が人間以上のある者に成っていこうとする道です。その歩みを、往生として教えるのが浄土教です。

その出発点が、釈尊と阿難との出遇いであり、法然上人と親鸞聖人との出遇いです。浄土からの本願のはたらきが、名号として我われの上に完成するわけですから、

『大経』ではそれを、阿弥陀如来の本願の成就という言葉で教えています。我われが上巻で説かれる浄土にどうしたら往生することができるのか、それが下巻に、釈尊によって本願の成就として教えられているのです。

3　本願成就文

宗教的な出遇いは世間の出会いと違って、必ず三界の欲を超えた真実が実現していなくてはなりません。釈尊は、下巻の初めにそれを本願の成就文として、阿難に教えているのです。そこを見てみましょう。

> 仏、阿難に告げたまわく、①「それ衆生ありてかの国に生ずれば、みなことごとく正定の聚に住す。所以は何ん。かの仏国の中には、もろもろの邪聚および不定聚なければなり」。②「十方恒沙の諸仏如来、みな共に無量寿仏の威神功徳の不可思議なることを讃歎したまう」。③「あらゆる衆生、その名号を聞きて、信

心歓喜せんこと、乃至一念せん。心を至し回向したまえり。かの国に生まれんと願ずれば、すなわち往生を得て不退転に住す。唯五逆と誹謗正法とを除く。」

（真宗聖典　四四頁、丸数字は筆者）

この文は、次のような意味です。

「世尊は阿難に、次のように仰せられました。

①「阿弥陀如来の浄土に生まれた衆生は、みなそれぞれ正定聚に住して、必ず如来の覚りに向かう者になるのです。なぜかと言えば、阿弥陀如来の浄土には、邪定聚や不定聚がないからです」。

②「十方世界のガンジス川の砂の数ほどの諸仏如来は、みな共に無量寿仏のみ名を称えて、一切衆生を救い取る阿弥陀如来の不可思議なる威神力を、讃嘆しています」。

③「どのような衆生も諸仏如来が称える名号の意義を聞き開いて、臨終の一念に至るまでその信心を歓喜するのです。如来が真心を込めて回向してくださった行

信によって、彼の国に生まれたいと願えば、即浄土に往生して正定聚不退転に住することになります。ただ五逆と正法を誹謗する自力の者は除きます」。

ここには三つの本願成就文で、衆生の回心が教えられています。まず最初の①は、どんな人も浄土に生まれるならば、必ず如来の覚りである大涅槃に向かう者になると説かれます。その浄土での位を正定聚と言いますが、浄土には自力の雑ざった邪定聚や不定聚がないからだと教えられています。これは三界を超えて、如来の覚りへ向かうのですから、上巻の「三誓偈」で言えば「超世」に相当するのでしょう。このようにまず最初に第十一願・必至滅度の願成就文が説かれます。

次に②では、世界中の諸仏如来がお念仏を称えて、衆生を仏道に向かわせていることが説かれています。自力の仏教では修行によって覚りを開くのでしょうが、『大経』は他力の仏教ですから、衆生の努力や修行によって仏道に立つのではなくて、師のお育てによることが教えられています。皆さんもどなたかの影響で、仏教にご縁をもったのでしょう。これは「三誓偈」で言えば、「妙声十方に超えん」に相当するのでしょう。このように二番目には、第十七願・諸仏称名の願成就文が説かれます。

最後の③は、師の教えを身体全体で聞き開いて、凡夫が信心によって救われていく第十八願・至心信楽の願成就文が説かれています。これは信心による凡夫の救いが説かれていますから、「三誓偈」で言えば、「貧苦の救い」に相当します。

本来ならば、上巻に説かれた四十八願すべての成就文を挙げるところなのでしょうが、「三誓偈」で尋ねたように「超世」、「本願の名号」、「凡夫の救い」、この三つが真宗大綱、つまり衆生における真宗の実現ですから、釈尊はこの三つの成就文を掲げて、阿難に凡夫でも仏道に立てることを教えているのです。

4　必至滅度の願成就文

①現生正定聚

まず最初の第十一願・必至滅度の願成就文では、釈尊が、あなたは浄土の位である正定聚について必ず大涅槃の覚りに向かう者になったと、阿難に教えています。もともと正定聚とは、原始仏教の時から使われている古い言葉で、仏道が衆生の上に実現したことを表す言葉です。それをここでは、必ず涅槃へ向かうべき位という意味で使っているわけです。ところがこの正定聚は、浄土に生まれてからつく位ですから、何となく死後のことのように考えがちです。ところが釈尊は、元気な阿難に説法しているわけですから、『大経』では死後の浄土ではなくて、本願の信心に開かれる浄土が説かれていると、了解するべきでしょう。

このあたりの事情を踏まえて、正定聚について親鸞聖人は独特の了解を展開しています。『一念多念文意』を見てみましょう。

「たといわれ仏をえたらんに、くにのうちの人天、定聚にも住して、かならず滅度にいたらずは、仏にならじ」(『大経』の第十一願)とちかいたまえるこころなり。また、のたまわく、「もしわれ仏にならんに、くにのうちの有情、もし決定して等正覚をなりて、大涅槃を証せずは、仏にならじ」(『如来会』の第十一願)とちかいたまえるなり。かくのごとく法蔵菩薩ちかいたまえるを、釈迦如来、五濁のわれらがためにときたまえる文のこころは、「それ衆生あって、かのくににうまれんとするものは、みなことごとく正定の聚に住す。ゆえはいかんとなれば、かの仏国のうちには、もろもろの邪聚および不定聚は、なければなり」

（真宗聖典　五三五～五三六頁、（　）内は筆者）

と、述べています。

少し解説してみましょう。親鸞聖人が言うように必至滅度の願は、『大経』では法蔵菩薩が「くにのうちの人天」と言い、『大経』の異訳の経典である『無量寿如来会』でも同じように「くにのうちの有情」と説いているため、正定聚はどちらも浄土に生まれてからの位です。さらに釈尊が説く本願成就文も「それ衆生ありてかの国に生ずれば」となっていますから、因願も成就文もどちらも、正定聚は浄土に生まれてからの位なのです。

しかし釈尊の本願成就文の説法は、「五濁の世を生きる凡夫のために」、今仏道に立ったと説いてくださっている教えですから、『大経』の浄土は死後の浄土ではありません。表現上では「かの国に生まるれば」となっていても、その意味は「かのくににうまれんとするものは」と、読み取るべきだと言うのです。ですから親鸞聖人は、浄土に生まれてから得る位である正定聚を、「かのくににうまれんとするものは」と読み替えて、浄土に生まれんと願う本願の信心に先取りするのです。

つまり凡夫の身ですから、浄土に生まれてしまったと言うわけにはいきませんが、浄土に生まれんと願う本願の信心には、本願の方から浄土が開かれて正定聚につくと了解するのです。その意味で『大経』は、『観経』や『阿弥陀経』で死後の浄土を説くのとは違って、今の信心に本願力の方から開かれてくる浄土に力点があります。ここに「現生正定聚」という親鸞聖人独自の思想があるのです。

だからといって親鸞聖人が私意で、成就文を勝手に読み替えたということではありません。もともと第十八願の本願成就文では、「かの国に生まれんと願ずれば、すなわち往生を得て不退転に住す」と説かれていて、本願の信心には、「浄土に往生を得る」ということと「不退転に住する」という、二つのことが説かれています。

最初にも述べましたが、『大経』では教えを説く相手（対告衆）が二つのグループに分かれています。一つは五比丘や阿難を中心とする直弟子たちです。阿難は覚りを悟れなかった仏弟子ですから、このグループは、広く言えば凡夫をも包んでいるグループです。もう一つのグループは、普賢や文殊や弥勒を中心とする大乗の菩薩たちです。この二つのグループに同時に教えを説いていますから、凡夫にとっては「浄土に往生を得る」ことが救いです。しかしそれがそのまま、大乗の菩薩たちにとっては「不退転に住する」ことだ、と釈尊が教えているのです。

曇鸞は『浄土論註』の易行道釈で、この本願成就文をよく了解して、次のように言います。

> 「易行道（いぎょうどう）」は、いわく、ただ信仏の因縁をもって浄土に生まれんと願ず。仏願力（ぶつがんりき）に乗じて、すなわちかの清浄の土（ど）に往生を得しむ。仏力（ぶつりき）住持して、すなわち大乗正定（しょうじょう）の聚（じゅ）に入（い）る。正定はすなわちこれ阿毘跋致（あびばっち）なり。
> （真宗聖典　一六八頁）

これは次のような意味です。「本願力による易行の仏道は、阿弥陀如来を信じる信心によって浄土に生まれたいと願うのです。そうすれば、本願力のはたらきで浄土に生まれて、正定聚の位につくのです。この浄土で得る正定聚と龍樹の説く阿惟越致地(あゆいおっちじ)とは同じものです」。

正定聚とは原始仏教の時から使われていた古い言葉ですが、不退転は大乗菩薩道で使われる新しい言葉です。釈尊は本願成就文で、その二つを並べて説いていました。曇鸞はその教えに則って、本願力による正定聚と龍樹の説く現生不退(げんしょうふたい)（この世で得ることができる不退転）の阿惟越致とが同じものであると言うのですから、ここでも死んでから先の浄土を説いているわけではありません。この龍樹の「現生不退」と、「浄土で得る正定聚」とを一緒にして、親鸞聖人は「現生正定聚」と独自の思想を表明しますが、『大経』の本願成就文と龍樹、世親、曇鸞の『大経』の伝統をよく踏まえて了解していることを知っておかねばなりません。

②本願成就文の順序

ここまで、第十一願・必至滅度の願成就文に実現する正定聚を、「現生正定聚」とする親鸞聖人独自の了解について述べました。ここからは、『大経』下巻の本願成就文の中でも、必至滅度の願成就文が一番最初に説かれるのはなぜか。その意味を尋ねてみたいと思います。と申しますのは、私たちの常識なら、まず師の教えに出遇って南無阿弥陀仏に帰し、信心を起こして正定聚に住すると考えます。もしそうなら、善知識の教えを表す第十七願・諸仏称名の願成就文を最初に説き、その教えによって衆生に信心が起こる第十八願・至心信楽の願成就文を二番目に説き、その信心に大涅槃の覚りが開かれるのですから、最後に第十一願・必至滅度の願成就文を説く、という順番の方が順当のように思えます。ところが釈尊は我われの常識を破って、最初に必至滅度の願成就文を説くのです。ここに浄土教独特の大切な意味がありますので、このことを考えてみましょう。

③無上大涅槃の覚りに包まれる

七祖の中で、最初に本願の信心を明確にした方は世親です。よく知られているように、「願生偈」の冒頭で「世尊我一心（せそんがいっしん）　帰命尽十方（きみょうじんじっぽう）　無碍光如来（むげこうにょらい）　願生安楽国（がんしょうあんらくこく）」と、その信心を表明しています。この文をよく注意してみますと「世尊我一心（世尊、我一心に）」という信心が、二つの内容で述べられています。その一つは「帰命尽十方無碍光如来（尽十方無碍光如来に帰命して）」という「一心帰命」の表明ですし、もう一つは「願生安楽国（安楽国に生まれんと願ず）」という「一心願生」の表明です。「一心帰命」は回心を表しますから、その対象は尽十方無碍光如来です。もう一つの「一心願生」の方は回心に始まる念仏生活のことです。それを大経往生とか難思往生と言いますので、往生の対象は浄土です。そこから「願生偈」は、浄土のはたらきを二十九種類で表す、二十九種荘厳功徳へと展開していきます。

実は親鸞聖人は、この世親の「一心帰命」「一心願生」の二つの表明を受けて、信巻の「三心一心問答」では第十八願・至心信楽の願を二つに分けているのです。前半の「あらゆる衆生、その名号を聞きて、信心歓喜せんこと、乃至一念せん」の方は、一心（至心・信楽）に大涅槃の覚りが開かれることを証明します。後半の「心を至し回向したまえり。かの国に生まれんと願ずれば、すなわち往生を得て不退転に住す。唯五逆と誹謗正法とを除く」の方は、如来の欲生心に本願力回向を見出して、それによって実現する難思議往生（大経往生）を明らかにします。このように『大経』の本願の信心は、涅槃を開く「一心帰命」の回心と、涅槃に向かう「一心願生」の往生という二つの姿をとって衆生に現れます。

その回心について親鸞聖人は、『唯信鈔文意』で次のように述べています。大切な言葉ですので、ここに掲げておきます。

> 「回心」というは、自力の心をひるがえし、すつるをいうなり。（中略）自力のこころをすつというは、ようよう、さまざまの、大小聖人、善悪凡夫の、みずからがみをよしとおもうこころをすて、みをたのまず、あしきこころをかえりみず、ひとすじに、具縛の凡愚、屠沽の下類、無碍光仏の不可思議の本願、広大智慧の名号を信楽すれば、煩悩を具足しながら、無上大涅槃にいたるなり。
>
> （真宗聖典　五五二頁）

この文の意味は、次のようです。「回心とは、自力の心を翻し捨てることです。（中略）捨てるといっても、自力で生きていかないという意味ではありません。それは、どんなに優れた聖人でも凡夫でも、本能的に自分の身を善しとする優越感と、劣っているという劣等感を超えることです。生きることに精一杯で煩悩に縛られた凡夫が、自力を捨ててひたすらに本願の名号を信ずれば、煩悩の身のままで不可思議の本願力によって必ず無上大涅槃へと至るのです」。

このように親鸞聖人は、回心とは優越感や劣等感の相対分別を超えて、煩悩の身のままで無上大涅槃に至ることだと説いています。この回心によって無上大涅槃に向かう、難思議往生という念仏生活が始まるのです。難思議とは、私たちの考えが及ばないという意味ですから、難思議往生とは誓願の不思議による往生のことです。人間は良心や正義感という自力が最後のよりどころですから、往生もそれによると考えます。しかしその全体を名号に帰して、本願力によらなければ、難思議往生には立てないのです。

その本願の名号について、親鸞聖人は『一念多念文意』で、次のように説いています。これも大切な文章ですので、ここに掲げておきましょう。

真実功徳ともうすは、名号なり。一実真如の妙理、円満せるがゆえに、大宝海にたとえたまうなり。一実真如ともうすは、無上大涅槃なり。（中略）「大宝海」は、よろずの善根功徳みちきわまるを、海にたとえたまう。この功徳をよく信ずるひとのこころのうちに、すみやかに、とくみちたりぬとしらしめんとなり。

（真宗聖典　五四三～五四四頁）

と述べられます。この文は、次のような意味です。「本願の名号は、真実のはたらきそのものです。名号には、世間の相対分別を超えた一如の真理が円満しているので、大きな宝の海に譬えるのです。一如の真理とは、如来の大涅槃の覚りのことです。この大宝海には、阿弥陀如来が一切衆生を救おうとする善根が満ちていますので、大きな海に譬えるのです。本願の名号をよく信じる人の心の内に、速やかに、疾く、その無上大涅槃のはたらきが充ち満ちることを知らしめるために、大宝海に譬えるのです」。

ここに親鸞聖人は、本願の名号を信じる心の内には、煩悩の身のままで無上大涅槃の功徳の海に包まれるという、大きな感動を述べています。このように親鸞聖人のお言葉を尋ねると、『大経』による回心とは、煩悩の身のままで、如来の一如の覚りに包まれることであることが分かります。

回心というと、親鸞聖人も「自力の心をひるがえし、すつる」と言われるように、よく自力無効が強調されますが、それは『大経』の本願に目覚めるための契機であって、それが目標ではありません。その点『観経』は、自力無効が目標になります。『大経』の本願の救いには、自力無効の自覚が必要ですから、『観経』はそのための要門といわれる方便の教えです。しかし一切衆生の救いは、何と言っても『大経』の本願力に目覚めるほかにはありません。

その本願力によって大涅槃に包まれた歓喜の方が、自力無効の懺悔の悲しみよりも、もっと大きいのです。無上大涅槃に包まれて、相対有限の苦しみを超えた、その大いなる感動を「大宝海」に譬えているのです。このように「一心帰命」が表す回心は、煩悩の身のまま無上大涅槃に包まれることです。親鸞聖人は、それこそが本願力による救いなのだと述べているのです。

④果から始まる仏道

聖道門は自力を因として、果である涅槃の覚りを求めます。しかし自力は『大経』によれば煩悩のかたまりですから、仏道と言えども嘘を重ねて本当にしようとするようなものです。もし叶っても万に一つでしょう。

それに対して浄土教は本願の信心を因とします。しかもそれが、無上涅槃に包まれたという感動から出発します。つまり第十一願・必至滅度の願成就文の果から、大経往生は始まりますから、因の信心さえ発れば、本願力によって果の覚りは必然します。

親鸞聖人は信巻でそれを

> しかるに常没の凡愚・流転の群生、無上妙果の成じがたきにあらず、真実の信楽実に獲ること難し。何をもってのゆえに。いまし如来の加威力に由るがゆえ

なり。博く大悲広慧の力に因るがゆえなり。（真宗聖典 二一一頁）

と表明します。意味は次のようです。「常に煩悩によって流転を重ねてきた我ら群萌は、無上涅槃の覚りを得ることは難しくはないが、その因となる真実の信心を獲ることが難しいのです。なぜかと言えば、他力の信心は自分の力で得ることができないからです。尽十方無碍光如来の果上の智慧に由ることと、博く広大な無量のいのちである本願力の智慧に因らなければならないからです」。

信心を得ることは至難の業です。しかし大涅槃に包まれた感動から始まる大経往生は、信心の因さえ獲れば、本願の不可思議力によって果の涅槃は必然します。因の信心に、すでに果の大涅槃がはたらき出ているのです。果の涅槃から始まる仏道、ここに浄土真宗の優れた特徴があります。このことを知らせるために、釈尊は第一番目の本願成就文に、第十一願・必至滅度の願成就文を掲げたのであると思われます。

さて、それを受けて、次からは第二番目に説かれる第十七願・諸仏称名の願成就文の意味を尋ねていきたいと思います。

5　諸仏称名の願成就文

①諸仏如来のお育て

第十七願・諸仏称名の願成就文は、次のように説かれています。

十方恒沙の諸仏如来、みな共に無量寿仏の威神功徳の不可思議なることを讃歎したまう。
（真宗聖典　四四頁）

この文の意味は、次のようです。「世界中のガンジス川の砂の数ほどの諸仏如来が、みな共に念仏を称えて、阿弥陀如来の本願力が世を超えて勝れていることを、讃嘆しておられます」。これは、私たちが仏道に導かれるのは、先輩の念仏者の称名念仏の勧めによることを教えています。阿難が本願の仏道に立てたのは、個人の能力や資質や努力などではなく、ひとえに釈尊の護持養育によって、念仏の信心が勧められたからです。

同じように、法然上人のお育てによって親鸞聖人が他力の信心に目覚めた時のことが『歎異抄』の第二章に伝えられています。

> ただ念仏して、弥陀にたすけられまいらすべしと、よきひとのおおせをかぶりて、信ずるほかに別の子細なきなり。（中略）いずれの行もおよびがたき身なれば、とても地獄は一定すみかぞかし。
>
> （真宗聖典　六二七頁）

ここでは、「ただ念仏して、弥陀の本願にたすけられなさい」という法然上人の教えと、「いずれの行もおよびがたき身なれば、とても地獄は一定すみかぞかし」という親鸞聖人の自力無効の目覚めが、述べられているだけです。

つまり親鸞聖人は、自力無効によって本願力に目覚めたから、法然上人の教えを信じる他に何もないと述べるのです。この自力無効の目覚めが親鸞聖人の生涯を貫く立脚地ですから、真宗の仏道は、自力のにおいのするものを一切排除します。師の教えに遇うたことについても、同じです。法然上人の教えに遇うまでの比叡山での苦労や努力とか、自分の能力などは一切語られません。釈尊が第十七願・諸仏称名の願成就文に説くように、教えに遇うことのすべてが、十方の諸仏如来のお育てです。師法然上人をはじめとする、本願の伝統に立つ先輩たちの護持養育によるのです。

伝承によると、釈尊が霊鷲山で『法華経』を説いている最中に、『観経』の舞台となる王舎城の悲劇が起こったと伝えられています。『法華経』の説法を一時中断して、霊鷲山から釈尊が生々しい人間業の中に下りて説法するのです。聖道門では、その人間業をすべて断ち切って出家して修行に励みなさいと、釈尊と同じような修行が要請されますが、浄土教は反対に、釈尊の方が人間の生活の中に下りて来て、それに合わせて教えを説きます。

そのように本願の教えは、生活全体の救いを説くのですから、私たちの頭に語りかけるというよりも、宿業の身に語りかけているのです。長い間の聞法をとおして、本当のことだけが身に貯まるのです。それを聞薫習と言います。やがて時機が熟し、師の教えによって「いずれの行もおよびがたき身」として、結実するのです。その時これまでの聞法の言葉が、理解を超えた智慧の光という意味に変わって、わが身全体を照らすのです。それが師との出遇いです。

この自力無効の目覚めを『歎異抄』の第九章では、親鸞聖人が次のように表明します。

> 仏かねてしろしめして、煩悩具足の凡夫とおおせられたることなれば、他力の悲願は、かくのごときのわれらがためなりけり（真宗聖典 六二九頁）

意味は次のようです。「私が今、念仏によって「いずれの行もおよびがたき身」の凡夫に目覚める以前から、如来は、一切衆生を煩悩具足の凡夫と見抜いてくださっていた。この大悲の智慧の本願こそ、業苦に沈むわれらがためであった」。

煩悩具足の凡夫の目覚めは、すでにして本願に見抜かれていたから発（おこ）るのです。いくら知識を積み重ねても分からない我が身を、五劫の昔から智慧の念仏となって見抜いていたからこそ、尽十方無碍光如来に、初めて頭が下がるのです。このように本願の信心は、大悲の本願の一人ばたらきによるのです。ここに、阿弥陀如来の大悲があります。

そのすべては、浄土の教えを説いてくださった釈尊のお陰です。人間はだれでも、これまで出遇ったものを内容にして、自分ができています。自分と言っても、両親や先生や友達の影響が自分の内容になっています。ですから浄土教も、教えに出遇うだけで分かる仏教にしてくださったのです。聞く方の能力や資質や努力に関わりなく、出遇って聞くだけで分かる仏教です。浄土教はそこに、釈尊の出世本懐があるといただくのです。

如来の大悲と釈尊の大悲、その二尊の恩徳によって、本願の信心を賜るのです。その信心に立ってみれば、都合がいいことも悪いことも人生のすべてのことが、私を仏道に押し出してくれていたと、拝まれてくるのです。

第十七願・諸仏称名の願成就文は、そのことを「世界中のガンジス川の砂の数ほどの諸仏如来が、みな共に念仏を称えて、阿弥陀如来の本願力が世を超えて勝れていることを、讃嘆しておられます」という言葉で、教えているのだと思われます。

②宿業の身

個人的なことを述べて恐縮ですが、私の父はお寺の出身ではありませんでした。若い頃真宗大谷派の僧侶になって、福岡県の英彦山(ひこさん)という小さな村に住んだのです。その村は一九四五（昭和二十）年十一月十二日に、大惨事が起こった村でした。戦時中に火薬庫として使っていた国鉄のトンネル内の火薬が、終戦になって邪魔になったのです。ひどいことをするもので、アメリカの進駐軍が福岡県・小倉の駐屯地から来て、トンネルの両方から火を放って、大きな山が大爆発を起こし村が全滅したのです。五百戸ほどの小さな村ですが、その事故で一四七名もの命が奪われました。戦争から帰ったばかりの男たちが、消火活動をしていて事故に遭ったため、後に残ったのは若いお母さんや子どもたちやお年寄りがほとんどでした。

落ちてきた大きな岩によって家はくずれ、田畑は降り積もった土砂で砂漠のようになりました。ですから、後に残った人たちの苦労は、大変なものでした。今のようにボランティアが来てくれるわけでもなく、重機など何もない時代ですから、手作業で泥だらけになりながら、元の田畑にするのに何年もかかりました。

父はそんな村に、わざわざ入っていったのです。半壊していた消防ポンプの倉庫に住んで、後に残った人たちの悲しみにひたすら耳を傾けていました。私が生まれたのは一九四八（昭和二十三）年ですから、小さな私には、残された人たちがポンプ小屋で泣いていたことしか覚えていません。父は黙ってひたすら言うことを聞いて、「元気を出そうね」と励ましていたのではないかと推測します。

私たちの生活はと言えば、ご門徒さんは一軒もないし、寺の建物もないわけですから、悲惨極まりないものでした。小さな頃の思い出は、いつも腹を空かしていたということしかありません。母はいつも、食べるものがないと歎いていました。父は「米がなかったら、芋かなんかかないか」。母は「そんなこと言ってるのと違う。こんな生活で、この子をどうして大きくするの」と、いつも泣いていました。そんな時の父の言いぐさはいつも決まっていて「いよいよになったら、仏さまに任せたらいい」と言うのでした。

おそらく父は、悲しみに暮れている人たちと一緒に生きていこう、そして英彦山が自分の死に場所だと、心に決めていたのだと思います。村の人が生活のことを心配して、代用教員や役場の職員の空きを探してくれたのですが、「私は坊主ですから」とすべてを断って、ポンプ小屋の貧しい住職として生涯を終えました。あれが他人なら尊敬もしたのでしょうが、何せ自分の父親でしたから、生活のことなど歯牙(しが)にもかけない父が、私は大嫌いでした。

でも周りのおばあちゃんたちは、みんな優しい人ばかりでした。大根や白菜やお米を少しずつもってきてくれました。いつも腹を空かしていた私は、涙が出るほど嬉しかったことを覚えています。食べ物と一緒に、如来の大悲にも匹敵するおばあちゃんたちの優しさが、私の身体の中に染み込んだのだと思います。日に焼けた真っ黒の顔で、破れたもんぺをはき、泥だらけの手で私を抱いて、「ぼんちゃん大きくなったら、お坊さんになってね」と言って、育ててくれました。

人生にはどうしても引き受けられないことが何度もありますが、おばあちゃんたちは、それを引き受ける勇気を親鸞聖人にもらったのだと思います。そして、苦しいことばかりだったけれども「人間として生まれて良かった」、「私が私で本当に良かった」と、言える者になりたかったのだと思います。その祈りに応えてくれるものこそ親鸞聖人の教えだと、おばあちゃんたちは心から信じていました。ですから親鸞聖人の教えを憶いながら、子どもの私を育ててくれたのだと思います。

しかし高校までの学校生活で、私の身に付いたものは世間の価値観でした。その物差しで自分が生まれた所を見ると、あまりにも悲惨でした。消防のポンプ小屋なんかより大きな家の方がいい、貧しいより豊かな方がいいと思いました。少なくとも父親のような貧しい生き方は、絶対にしたくないと思うようになっていました。ですから、理科系の大学に進学して大谷大学だけには行きたくないと思ったのですが、運よく受験に失敗したのです。

その時あの頑固な父が、子どもの私に両手をつき頭を下げて「世間でどんなに立派になっても、仏教が分からなければ、その人生は夢のように終わる。仏教さえ分かれば、どんな人生でもすべて自分の人生になる。だから仏教が分かるために、大谷大学に行ってくれ」と、泣いて頼んだのです。初めて父親の涙を見た私は、仕方なく大谷大学に行くことにしました。

しかし仏教は、勉強しただけでは分かりません。なぜこんな貧しい家に生まれたのか、なぜこの両親だったのか、なぜ坊さんにならねばならないのか、人生の問題は何一つ解けませんでした。こんなになるのは周りが悪いと、外に文句を言い自意識の闇に沈んで、自暴自棄になるばかりでした。

そんな時、師の松原祐善（まつばらゆうぜん）先生は「延塚さん、都合がいいとか悪いとか、好きとか嫌いとか言って、自分のいのちまで殺そうとするのかね。いいことも悪いことも、初めから丸ごとあなた自身ではないですか。自分のことを丸ごと愛せる者にならなければ、どうして他人に優しくできますか」と、机を叩いて烈火のごとく怒られました。

私はそれまで、悪いのは周りで、自分には一切責任はないと思っていました。しかし、生まれながらに与えられたものを引き受けられないのは、私自身の物差しではないかと教えられたのです。良いことばかりを求め、悪者になれない自意識の物差しこそが、苦しみに沈む本であり、丸ごと私だと言えない元凶でした。

当時の私には、父のように将来食えない者になる勇気がなかったのです。しかし松原先生の教えによって、食えるか食えないかよりも、自分が丸ごと自分になることの方が、ずっと根源的な問題だと思ったのです。

その時、「仏教さえ分かれば、豊かでも貧しくても、すべて自分の人生になる」と言った父の言葉が、分かったような気がしました。そして自我よりも深いところで、いいところも悪いところも丸ごと支え続けてきた南無阿弥陀仏のいのちを生きる者になりたいと、全身全霊で思ったのです。

私の人生は受け入れられないことばかりでしたが、不思議なことに、これまでのすべてが輝いて見えました。自分に都合の悪いことは、自力の相対の分別を破って、南無阿弥陀仏の絶対のいのちに気付かせるために、あったのです。

父は単なる私の親ではなく、南無阿弥陀仏を生きる輝くような念仏の先輩に見えました。その人が親子という関係になってくれて、貧しい中でひたすら本物の念仏者になれと、育ててくれたのです。それまでの父へのわだかまりは跡形もなく氷解して、それから父が亡くなるまで、一切文句を言ったことがありません。

母は生活の苦労をした人でした。ネギの髭（ひげ）一本まで無駄にしないで、食卓に出しました。黙ってすべてを支えた、菩薩のような人でした。また、周りの念仏者のおばあちゃんたちの優しさは、私の身に染み込んでいました。私が絶望の淵に沈んだ時、夢のように何度も出てきて「ぼんちゃん、大きくなったらお坊さんになってね」と言う声が聞こえるのです。それが私を、仏教に向かわせたのです。

師の教えが鶴嘴（つるはし）になって南無阿弥陀仏のいのちを掘り起こされてみれば、いいことも悪いこともすべてが、私を仏教に押し出してくださっていたと思えました。

「世界中のガンジス川の砂の数ほどの諸仏如来が、みな共に念仏を称えて、阿弥陀如来の本願力が世を超えて勝れていることを、讃嘆しておられます」。それが、この第十七願・諸仏称名の願成就文の意味だと思われます。

6　至心信楽の願成就文

それでは、『大経』下巻冒頭の三つの本願成就文の中で、最後に説かれる第十八願・至心信楽の願成就文を尋ねましょう。親鸞聖人は次のように読みますので、最初にそれを掲げておきます。

①王本願

あらゆる衆生、その名号を聞きて、信心歓喜せんこと、乃至一念せん。心を至し回向したまえり。かの国に生まれんと願ずれば、すなわち往生を得て不退転に住す。唯五逆と誹謗正法とを除く。

（真宗聖典　四四頁）

意味は次のようです。「どのような衆生も諸仏如来が称える名号を聞いて、臨終の一念に至るまで、その信心を歓喜します。阿弥陀如来が真心を込めて回向してくださった行信によって、彼の国に生まれたいと願えば、すぐに往生して不退転に住するのです。ただ五逆の罪を犯した者と正法を誹謗する者とを除きます」。

最初に説かれる「あらゆる衆生、その名号を聞きて」とは、前に説かれる第十七願・諸仏称名の願成就文の「十方恒沙の諸仏如来」が称える念仏を聞くこと。つまり「善知識の称える念仏の意義を聞いて」という意味ですから、親鸞聖人にとっては法然上人の称える念仏の意味を聞き取って信ずる、と了解できます。

また最後に説かれる「すなわち往生を得て不退転に住す」とは、成就文の最初に説かれた第十一願の「正定聚に住す」ることです。どうしてかと言うと、この「即得往生　住不退転」を、親鸞聖人は一つの例外もなく「正定聚」に読み替えていることから（『一念多念文意』・真宗聖典　五三五頁、『唯信鈔文意』・真宗聖典　五五〇頁）、そのことが分かります。

これらのことから、第十八願の成就文は前の第十七願成就文と第十一願成就文の両方の意味を包んでいます。ですから法然上人が、第十八願を王本願と呼んで、『大経』

の四十八願の中で最も大切な願と読むのも頷けるでしょう。

②念仏往生の願

さてこの第十八願は、親鸞聖人以前は「念仏往生の願」と呼んでいました。すでに尋ねたように、法然上人は『選択集』で、この願に説かれる称名念仏一つを掲げて浄土宗を独立させたのです。しかし、それに怒りを露わに反駁したのが明恵の『摧邪輪』です。明恵は、涅槃の覚りは菩薩の菩提心に実現するのであって、凡夫の称名念仏に実現するなんてあり得ないと批判します。

そして、第十八願成就文に説かれる至心信楽の信心こそが、いずれは菩提心に育てられ涅槃の覚りに至るという主張から、浄土教が、第十八願・念仏往生の願と呼んできた願名を批判して、「至心信楽の願」と読むべきだと指摘します。

この明恵の指摘を、親鸞聖人は『教行信証』でそのまま受け入れて、「至心信楽の願」を信巻の標挙にします。しかし信巻では、『大経』の信心は、明恵の主張する自力の信心とは異質な、本願力回向の信心であることを明らかにし、だからこそ、彼の否定した凡夫の称名念仏に大涅槃の覚りが開かれることを証明します。その要となるのが、信巻に掲げられる第十八願成就文の、親鸞聖人の独特の読み方です。

③本願成就文の読み方

さて、『真宗聖典』の第十八願・至心信楽の願成就文は、『大経』でも『教行信証』でもすべて同じ読み方で統一されていますから、我われはそう読むのだと習い覚えていますが、そこには親鸞聖人独特の読み替えがあります。第四章でもふれましたが、大切ですので改めてその読み替えを尋ねて、親鸞聖人のご苦労を窺っておきましょう。

もともと漢文ですから、まずそれを掲げておきます。

> 諸有衆生、聞其名号、信心歓喜、乃至一念。至心回向。願生彼国、即得往生、住不退転。唯除五逆　誹謗正法。
> （真宗聖典　四四頁）

親鸞聖人以外の浄土教の祖師たちは、この文を次のように読んでいました。

あらゆる衆生、その名号を聞きて、信心歓喜して、乃至一念、至心に回向して、かの国に生ぜんと願ずれば、すなわち往生を得て、不退転に住す。唯、五逆と正法を誹謗するとを除く。

（『浄土宗全書』第一巻・一九頁）

こう読むと、次のような意味になります。「どのような衆生も諸仏が称える名号を聞いて信心歓喜し、臨終の一念に至るまで念仏を回向して、彼の国に生まれたいと願えば、すぐに浄土に往生して不退転に住することになります。ただ五逆の罪を犯した者と正法を誹謗する者とを除きます」。すぐ分かるように、念仏を回向する主体は「あらゆる衆生」です。また「臨終の一念に至るまで念仏を回向して」と読みますから、「乃至一念」は、念仏を表す「行の一念」です。さらに浄土に往生するのは、信心を獲た時なのか臨終なのかの区別がつきません。

実はこの「至心回向」という言葉が、第二十願・植諸徳本（じきしょとくほん）の願にも誓われています。その願文は次のようです。

たとい我、仏を得んに、十方の衆生、我が名号を聞きて、念を我が国に係けて、もろもろの徳本を植えて、心を至し回向して我が国に生まれんと欲わんに、果遂せずんば、正覚を取らじ。
（真宗聖典　一八頁）

この第二十願は、願名でも分かるように、せっかく帰依した念仏を自分の手柄に植え直して、その自力の念仏を回向して、仏に成ることまで決めようとする者をも、救い取りたいと誓っています。ですから「果遂の誓い」とも呼ばれます。

ところが第十八願成就文を親鸞聖人以外の祖師たちのように読むと、第十八願の成就文というよりも、この第二十願の成就文に読めてしまいます。つまり第十八願の成就文か、それとも第二十願の成就文なのか、区別がつかなくなるのです。自力と他力の願の区別は、明確につけておかなければいけません。

ですから、親鸞聖人は、次のようにこの文を読み替えます。

あらゆる衆生、その名号を聞きて、信心歓喜せんこと、乃至一念せん。心を至し回向したまえり。かの国に生まれんと願ずれば、すなわち往生を得て不退転に住す。唯五逆と誹謗正法とを除く。

すぐに分かるように、親鸞聖人は、成就文を二つに切って読んでいます。以前、世親の「世尊我一心　帰命尽十方　無碍光如来　願生安楽国」という一心の表明には、「帰命」と「願生」の二つがあると申しました。親鸞聖人は世親に倣って成就文を二つに切り、「一心帰命」の信心の成就を前半に、「願生安楽国」を後半に当てたのだと思われます。

さて、詳細を見ていきましょう。まず従来の読み方では「臨終の一念に至るまで念仏を回向して」と「乃至一念」が「至心回向」にかかり、「行の一念」を表していました。それが、「乃至一念せん」と句切ったために、この「乃至一念」が前の「信心歓喜」と同格になって、「信の一念」という意味に変わります。

信巻では『大経』の成就文と、『大経』の異訳である『無量寿如来会』の成就文とを並べて引文しますが、『如来会』では「他方の仏国の所有の有情、無量寿如来の名号を聞きて、よく一念浄信を発して」（真宗聖典二一二頁）と、「乃至一念」に当たる部分が「一念浄信」となっていますので、それに倣ったのでしょう。親鸞聖人以外の仏者が「行の一念」と了解して、第十八願を「念仏往生の願」と読んだのに対して、親鸞聖人は「信の一念」と了解して、第十八願を「至心信楽の願」と読んだのです。

ここで、二つに切ったために、一つ大きな問題が生じました。「至心回向」が宙に浮いて読めなくなったのです。ところが、親鸞聖人はこの言葉に「シタマエリ」・「セシメタマエリ」という尊敬語の送り仮名を与えて、「如来が真心を込めて回向してくださった」と、衆生の回向ではなくて如来の回向に意味を転じたのです。第十八願を、明恵と同じように「至心信楽の願」と呼びながら、自力の信心ではなく本願力回向の他力の信心と読んだのです。

行も信も如来の回向だから、その信心には如来の浄土が即開かれて（即得往生　住不退転）正定聚に住すると、大涅槃への道が獲信の時に決定します。つまり如来回向の行信だから、本願の道理によってすぐに証が開かれるのです。

ここに法然上人が王本願と言った意味が、大乗仏教の道理として明確になります。本願力回向に仏道の原理を見出したのが、『大経』に立った親鸞聖人の大きなお仕事です。

④唯除五逆誹謗正法

これまで『大経』の第十八願と、その成就文を見てきましたが、その両方に「唯、五逆と正法を誹謗するとを除く」という、「唯除の文」が置かれています。法然上人は、称名念仏ですべての者を包もうとしますので、著書に第十八願を引く時にはこの唯除の文を省きますが、親鸞聖人は、本願の信心に立つので、因願と成就文の両方の唯除の文をそのまま記しています。それは唯除の文を、凡夫に信心を起こさせるためになくてはならない文だといただいたからです。

信巻の最後は、小乗仏教と大乗仏教で言われる五逆の罪をそれぞれ並べて記し、真仏弟子の生活の事実を明らかにして終わります。分かり易いように、小乗の五逆を挙げておきます。

一つにはことさらに思いて父を殺す、二つにはことさらに思いて母を殺す、三つにはことさらに思いて羅漢を殺す、四つには倒見して和合僧を破す、五つには悪心をもって仏身より血を出だす。

（真宗聖典　二七七頁）

これが小乗の五逆ですが、大乗の五逆はもっと広くにわたっていて、人間生活のすべてが五逆罪であると説かれます。そしてこの罪を犯した者は、無間地獄に落ちると説かれます。

信巻はこの小乗の五逆と大乗の五逆の文で終わり、この巻だけは結釈がないのです。それは信巻に表明される真仏弟子とは、聖道門の目指す聖者ではなくて、唯除の機に徹する者だからです。この五逆の身こそが、親鸞聖人の実相だと表明しているのです。だからこそ、如来の教えによらなくてはならないと、教巻・行巻・証巻に展開していくのです。そのために、信巻だけは結釈がないのだと思われます。

この唯除の文を、信心獲得のための大切な文と、初めて主体的に読んだ方が曇鸞です。『論註』の八番問答では、五逆は世間の罪ですが、その本に出世間の謗法罪が隠れていると説きます※。ですからこの謗法罪は、如来に背くという人間存在そのものの罪です。この根源的な罪を明らかに照らし出すのが本願の名号のはたらきですが、曇鸞は、謗法の罪は絶対に救われないと説かれます。親鸞聖人が法然上人の教えに遇った時、「いずれの行もおよびがたき身なれば、とても地獄は一定すみかぞかし」と表明したことが憶われます。

曇鸞の次に、唯除の文を取り挙げた方は善導大師です。『観経』の下々品で、五逆を救い謗法を除くのはなぜかを問うて、五逆はすでに造った罪（已造業）だから弥陀は摂取する。しかし謗法はまだ造ってない罪（未造業）だから、釈迦が抑止すると、釈迦の抑止と弥陀の摂取で了解します。五逆は世間的な罪ですから反省できる已造業ですが、謗法は出世間の罪ですから反省を超えた未造業です。しかし名号の智慧に帰して、五逆・謗法の身が照らされれば、本願力によって摂取されます。それを善導大師は『法事讃』で

謗法・闡提、回心すればみな往く　（真宗聖典　二七七頁）

と説きます。

このお二人の了解を承けて親鸞聖人は

「唯除五逆　誹謗正法」というは、唯除というは、ただのぞくということばなり。五逆のつみびとをきらい、誹謗のおもきとがをしらせんとなり。このふたつのつみのおもきことをしめして、十方一切の衆生みなもれず往生すべし、としらせんとなり。　（真宗聖典　五一三頁）

と説かれます。

浄土教は凡夫に帰って弥陀に救われることが要ですが、その凡夫の自覚が至難の業です。曇鸞は、「五逆・誹謗正法」とは、本願力によって凡夫の身に引き戻され、絶対に救われないことに目覚めることと説いていました。善導は二つの罪に目覚めれば、弥陀に摂取されると説いていました。

親鸞聖人は、まず曇鸞の了解によって「唯除というは、ただのぞくということばなり。五逆のつみびとをきらい、誹謗のおもきとがをしらせんとなり」と述べて、唯除を「地獄一定」の目覚めを促す、大悲の教えと受け止めています。次に、善導の了解によって「このふたつのつみのおもきことをしめして、十方一切の衆生みなもれず往生すべし、としらせんとなり」と、弥陀の摂取を説いているのです。

このように親鸞聖人は、唯除の文を凡夫の身に目覚めさせ摂取せずにはおかないという弥陀の大悲の教えと受け止めて、因願と成就文の両方に記したのです。なぜなら唯除の文にこそ、信心によって救い取るという、王本願の意味が輝き出ているからです。

※　曇鸞のこの見解は、『大経』の三毒五悪段の、釈尊の説法によっています。そこでは貪欲、瞋恚の煩悩と愚痴の煩悩とは同列ではなくて、愚痴が人間には反省できな

い根本煩悩と説かれていることによると思われます。

⑤法然上人からの課題

ここまで親鸞聖人が第十八願・至心信楽の願成就文に独自の読み替えをして、如来の本願力回向を見出したことを述べました。それでは、親鸞聖人がなぜそう読み替えたのか、その思想的な背景を尋ねたいと思います。

親鸞聖人は法然上人に育てられました。しかし法然上人は『観経』に立つ仏者です。『観経』は本願を説いていないので、法然上人は本願力回向という言葉を使いません。晩年の親鸞聖人の言葉づかいに注意すると、それを法然上人は「他力には義なきを義とす」（真宗聖典 四七〇頁・四七七頁）と教えていたことが分かります。※

七祖では曇鸞の『論註』の覈求其本釈（かくぐごほんしゃく）に、「阿弥陀如来を増上縁とする」（真宗聖典一九四頁）と、「増上縁」という言葉が二回出てきますが、道綽以降の『観経』に立つ祖師たちは、この増上縁という言葉で如来の本願力を表します。増上縁とは、如来の力が強い縁となって衆生を救うことですから、外からはたらく外縁です。衆生（機）と如来（法）を二つに分けて、外からの縁である本願力に乗托して救われると説きます。後に詳説しますが、これを二種深信と言います。このように『観経』は、人間の分別に合わせて相対的に説きますからよく理解できます。

しかし、私たちは分別では救われません。一如の真実を説く『大経』の本願力回向でないと、本当には救われないのです。一如の真実とは、如来が信心にまでなって（本願力回向）衆生を救う、内因です。親鸞聖人はこの内因である一心に立って、『教行信証』を書いていますから、『大経』の一心と『観経』の二種深信の違いに注意してください。

さて、法然上人は『選択集』で、念仏を不回向の行と言います。それは、衆生が自力で回向する必要がない行という意味です。『教行信証』には、『選択集』からは「南無阿弥陀仏　往生の業は念仏を本とす」と、総決三選の文（真宗聖典　一八九頁）と言われる文のみが行巻に引文されますが、それを親鸞聖人は、次のような御自釈で受けます。

> 明らかに知りぬ、これ凡聖自力の行にあらず。かるがゆえに不回向の行と名づくるなり。大小の聖人・重軽の悪人、みな同じく斉しく選択の大宝海に帰して、念仏成仏すべし。（同前）

意味を取ってみましょう。「この文でよく分かったでしょう。念仏は自力の行ではないので、不回向の行と名づけます。優れた聖人から重い罪の悪人まで、みな同じように本願から開かれた大涅槃の覚りに包まれて、念仏で必ず仏に成ります」と、念仏の絶対性を讃嘆します。

しかし、不回向の行と言うだけでは、自力に立つ聖道門には意味不明でしょう。行とは大涅槃に向かう行為ですから、念仏は自力ではないが一人も漏らさず大涅槃に向かわせる行であると主張しているわけです。それだけなら念仏は、神秘的なおまじないとか、勝手にそう思っている独断だと言われても、仕方がありません。

しかし『観経』では本願を説きませんから、法然上人は「不回向の行」としか表せなかったのでしょう。ここに、『大経』に立った親鸞聖人が引き受けなければならなかった課題があります。つまり、衆生を救う如来の本願力回向を明らかにして、神秘性や独断という誤解を解かねばならなかったのです。

実は先の御自釈と同じ文が、「三一問答」の欲生心釈に書かれています（真宗聖典二三二頁）。欲生心とは如来の願心ですが、それが信心にまでなって、衆生を願生浄土の仏道に立たせるのです。そこに先の「不回向と名づくるなり」という文が置かれますから、『選択集』の課題をこの欲生心釈で受けて、本願力回向を公開していくのです。

そこでは、衆生は欲にまみれていて、浄土に生まれていく回向心などどこにもない。だから、如来の方がそれを与えるのです。その如来の回向心こそ、欲生の願心であると説かれています。要するに、第十八願・至心信楽の願の「至心・信楽・欲生」と誓われる如来の欲生心が、信心にまでなってはたらく回向心であると説くのです。そのすぐ後に『論註』の往相・還相の文を引文して、如来の二種の本願力回向を開いていきます。

このように法然上人が残した課題を、『大経』・『浄土論』・『浄土論註』によって明確にしていくのです。ここに、親鸞聖人が「希有最勝の華文」と言う『選択集』があるにもかかわらず、『教行信証』を書かねばならなかった大きな理由があります。

※ 親鸞聖人の晩年の著作では、如来の二種回向を表す箇所に、法然上人の「他力には義なきをもって義とす」という言葉が置かれています。

⑥『大無量寿経』

『大経』は、阿弥陀如来の本願力によって、群萌を救う仏教です。凡夫には自分で仏に成る力がありませんから、『大経』はそれを如来の本願力として説いています。ですから他力の信心と本願力回向の道理を公開すること、これが『教行信証』の責任と使命です。なぜならそれができなければ、浄土真宗が神秘性や独断に転落することになるからです。

本願力回向とは、一言で言えば「他力」です。この本願力が分からなければ、残念ながら他力の救いは実現しません。浄土三部経の中で、本願を説くのは『大経』だけです。その意味で『大経』こそが真実教で、『観経』・『阿弥陀経』は、自力を生きる衆生を『大経』の他力に導く方便の教えです。その本願力への感動を初めて表明したのが、世親の『浄土論』です。そして如来の本願力回向を凡夫の仏道としてさらに展開したのが、曇鸞の『浄土論註』です。それを踏まえて、凡夫の自覚と如来の本願力回向を究極にまで徹底した著作が『教行信証』なのです。次からは、親鸞聖人の本願力回向の思想の背景にある、世親と曇鸞を尋ねてみましょう。

⑦世親の『浄土論』

七祖の著述の中で初めて、一度だけ「本願力回向」という言葉が出るのが、世親の『浄土論』です。それは次のような文です。

出第五門というは、大慈悲をもって一切苦悩の衆生を観察（かんざつ）して、応化身（おうけしん）を示して、生死の園・煩悩の林の中に回入して、神通に遊戯し教化地に至る。本願力の回向をもってのゆえに。

（真宗聖典　一四四～一四五頁）

この文は次のような意味です。「浄土の菩薩が、大慈悲心によって一切衆生を観察して、煩悩に迷っている衆生の世界に応じた姿を表して教化に出るのは、その菩薩の本願力回向によるからです」。このように『浄土論』の「本願力回向」は、浄土の菩薩その人の本願力回向という意味になります。

そもそもインドで大乗仏教が起こった時に、釈尊の下で修学に励んでいた弟子たちに対して批判が起こります。それは、次のようなものです。声聞という弟子たちは、真面目に教えを聞いて学んでいても、少しも他に伝えてくれない。辟支仏（独覚）となった弟子たちも、阿羅漢の覚りを悟ったのなら、それを他に伝えるべきではないか。釈尊の弟子といっても、釈尊とは決定的に違う。釈尊はご自身の覚り（自利）を他に伝える（利他）ために生涯を捧げてくださった。しかし仏弟子たちは、自分のためだけに学んで、他に伝えていない。要するに、声聞・独覚は、自利だけで利他がないという批判が起こるのです。

ですからインドの大乗仏教は、声聞・独覚を否定的に超えて、自利利他が備わった菩薩になることが目標になります。このために仏教が、菩薩道という枠組みの中で表現されることになるのです。世親の『浄土論』もインドの論書ですから、そのルールに従って、『大経』の論であっても、表向きには自利利他を備えた菩薩になることが目標になっています。

善男子（ぜんなんし）・善女人（ぜんにょにん）が五念門の行を修めて浄土に生まれ、浄土の菩薩となって他を教化する。そのために応化身を示して、浄土から教化に出ていくのです。浄土の阿弥陀如来に遇うまでが自利、浄土から教化に出て行くのが利他、この自利利他を備えて大乗の仏道を全うする、と説かれるのが『浄土論』です。先に挙げた文は、自利を完成し浄土から教化に出て利他をしようとする菩薩を表す文ですから、教化に出る菩薩その人の意志、それを本願力回向と表していたのです。

⑧曇鸞の『浄土論註』

こうして大乗仏教は、菩薩道として中国に伝っていきますが、「この間に本仏ましまさざる」と曇鸞が言うように、中国には釈尊がお出ましになりませんでした。そのため人々にとって道教の仙人や孔子の方が身近で、仏や菩薩と言っても何のことか分からなかったのです。そこで中国では、大乗を菩薩道として表すよりも、一切の衆生を救う法に注目して「一乗」として表現するようになります。『浄土論』はインドの論ですから菩薩道ですが、『浄土論註』は、『浄土論』の一字一句の註釈をしながら、菩薩道を一乗の仏道に転換しているのです。

我われの常識では、自利利他は簡単に実現しません。自分のために他人を犠牲にするし、他人のために自分を犠牲にしなければなりません。自利利他が成り立たないのは自己に執着しているためですから、それを仏の覚りによって超え、自利利他を実現するのが大乗の菩薩です。その覚りの方に注目して、『大経』は一切を漏らさない一乗の法である、と明らかにしたのが『論註』です。しかし一乗を証明する時に一番の問題になるのが、『大経』に「唯除五逆誹謗正法」と説かれる、仏教から除かれる者がいることです。これが救われることを証明しない限り、本願の仏道が一乗であると言うことはできません。

第五章でもふれましたが、『論註』の上巻では、冒頭の二道釈と巻末の八番問答とが、『浄土論』の註釈から外れている箇所です。二道釈では、龍樹が「易行品」に「儜弱怯劣（にょうにゃくこれつ）」・「怯弱下劣（こにゃくげれつ）」という菩薩道に耐えられない者でも、信方便の易行によって救われると説くことを受け、曇鸞は龍樹の説く信心は「信仏の因縁」（阿弥陀如来の本願力を信じる因縁）であることを明らかにします。この本願の信心に立って『浄土論』を註釈すると宣言しているのです。それに対して巻末の八番問答は、五逆誹謗正法の凡夫が本願力に救われることを明らかにします。ここに『浄土論』の菩薩道を、凡夫の仏道に転換して一乗を証明しようとする、曇鸞の意図が窺えます。

ところが、凡夫が仏に成る道を明らかにするためには、その根源力となる阿弥陀如来の本願力を明確にする必要があります。先に述べた『浄土論』に一箇所出てくる本願力回向は、文章上は菩薩その人の意志です。しかし曇鸞は、例え菩薩の意志であっても、不虚作住持功徳で菩薩が阿弥陀如来にまみえて発す願いだから、根源的には阿弥陀如来の本願力回向であると見抜くのです。このようにして曇鸞は、『浄土論』全体が阿弥陀如来の本願力に支えられて成り立つことを、明らかにしていきます。そのために曇鸞は、様々な苦労をしています。

例えば『浄土論』・『論註』は、念仏を五念門の行として表します。五念門とは、礼拝・讃嘆・作願・観察・回向です。念仏に帰した時には、自然に頭が下がり礼拝します。さらに念仏を称えて阿弥陀如来を讃嘆し、浄土に生まれたいと作願します。次に浄土を観察して阿弥陀如来にまみえ、衆生教化のために回向するのです。ですから五念門は、称名念仏の五つのはたらきと了解できるでしょう。

曇鸞は、この五念門を世親の『浄土論』の中にある「願生偈」に配当します。それを五念配釈と言います。「世尊我一心　帰命尽十方　無碍光如来　願生安楽国」の「帰命」に礼拝を、「尽十方無碍光如来」に讃嘆を、「願生安楽国」に作願を、「浄土の荘厳の全体」に観察を、最後の世親の「回向文」に回向を配当して、冒頭の「世尊我一心」だけを配当から外します。これによって「願生偈」の全体は一心と念仏、つまり本願の信心の歌（一心の華文）であることを明確にします。この五念配釈によって、菩薩の讃歌である「願生偈」を、本願の信心によって凡夫でも詠える歌と位置付けたのです。その曇鸞の意志を継いで親鸞聖人が詠ったのが、『教行信証』行巻にある「正信偈」です。「正信偈」は『教行信証』の核心になる歌です。ですからその偈(げ)前(ぜん)の文に、曇鸞の「知恩報徳」の文を掲げて曇鸞を讃嘆しています。これについては最終章で改めて詳説します。

さて、善男子・善女人が五念門を実践して菩薩になると表現するのが、世親の『浄土論』です。ですから『浄土論』では、五念門は基本的に善男子・善女人の実践行です。それに対して親鸞聖人は、自力では五念門の実践は不可能ですから、お念仏に込められた如来の五つのはたらきと了解するのです。自力無効の凡夫にとっては、五念門のすべてが法蔵菩薩の行といただかれるということです。衆生の行と了解する世親と、如来の行と了解する親鸞聖人の、中間にいるのが曇鸞です。

『浄土論註』は、五念門のうち礼拝・讃嘆・作願の前の三つは衆生の行、観察・回向の後の二門は如来の行と、衆生と如来の分際を明確に分けます。「世尊我一心　帰命（礼拝）尽十方　無碍光如来（讃嘆）　願生安楽国（作願）」この前の三念門が、我われに実現する本願の仏道です。それを実現するために、仏の方が衆生を観察して浄土を建て、大涅槃の覚りを名号に托して回向する、この観察と回向とは如来のお仕事です。

親鸞聖人は世親と曇鸞の了解を踏まえ、『大経』に返って本願力回向を推求し、『教行信証』の冒頭に

> 謹んで浄土真宗を案ずるに、二種の回向あり。一つには往相、二つには還相なり。往相の回向について、真実の教行信証あり。　（真宗聖典　一五二頁）

と浄土真宗の背骨を宣言します。これは聖道門が自力の仏道であるのに対して、浄土真宗は徹底的に他力の仏道であることを、まず最初に宣言しているのです。衆生の教、行、信、証のすべてが、如来のはたらきによって成り立っていることを表しています。明恵の批判が、親鸞聖人の脳裏にあることは容易に想像できます。

さて、先の「願生偈」の冒頭にある「帰敬偈」を、親鸞聖人の視点で見てみましょう。

世尊（教）我一心帰命（信）尽十方無碍光如来（行）願生安楽国（証）

曇鸞が言うように教・行・信・証は、衆生に実現する仏道ですが、それを恵むのが如来の往相回向、衆生を仏道に立たしめる釈尊・善知識の教化を還相回向と了解しました。この如来の二種の回向によって、一切の群萌を救う『大経』が如来の一人ばたらきであると、徹底したのです。

菩薩道から凡夫の仏道へという転換が、阿弥陀如来の本願力回向を明らかにした必然性です。親鸞聖人の『教行信証』は、凡夫の目覚めの徹底とそれを救う如来の回向の究極、それを公開して法然上人の残した課題に応えたのです。

世親の菩薩道から曇鸞の凡夫の仏道へ展開した時に、凡夫を救う阿弥陀如来の回向が、初めて公開されました。さらに善導をくぐって凡夫の自覚が徹底した親鸞聖人は、それを如来の一人ばたらきに徹底させる必要がありました。なぜなら『大経』は、群萌を救う経典だからです。一切衆生の能力や資質や努力とは何の関係もなく、如来の本願力回向で救われることを、親鸞聖人は『教行信証』で学問として明らかにしたのです。

したがって回向は、救う方の阿弥陀如来の責任です。それに対して衆生の責任は、名号に帰命する信心（回心）です。それが『大経』下巻のはじめに、第十一願・必至滅度の願成就文、第十七願・諸仏称名の願成就文、第十八願・至心信楽の願成就文の三つの本願成就文で確かめられていたのです。

7　三輩章

①自力から他力へ

さて、『大経』下巻では、第十八願・至心信楽の願成就文のすぐ後に三輩章が置かれていますが、ここは上輩、中輩、下輩と衆生の能力に応じて、自力の往生が説かれるところです。この世の苦しみに泣いて浄土に往生したいと願いますが、最初は誰でも努力して往生しようと思います。ですから自力では往生できないと分かるまで徹底的に修行しなさいと、第十九願・至心発願の願（修諸功徳の願）の自力の努力が勧められるところです。その第十九願を挙げておきます。

たとい我、仏を得んに、十方衆生、菩提心を発し、もろもろの功徳を修して、心を至し願を発して我が国に生まれんと欲わん。寿終わる時に臨んで、たとい大衆と囲繞してその人の前に現ぜずんば、正覚を取らじ。（真宗聖典　一八頁）

この願は、次のような意味です。「たとえ私が仏に成っても、世界中の衆生が菩提心を発し諸々の修行を修めて、我が国に生まれたいと欲うなら、臨終にたくさんの人を伴ってその人の前に来迎しましょう。そうでなければ、阿弥陀如来にはなりません」。このように第十九願は、自力の菩提心と修行が勧められています。親鸞聖人は、次に見ていく三輩章を、この第十九願の成就文と読んでいるのです。

それでは三輩章を見てみましょう。ただ、原文のままだと意味が分かりにくいので、私のつたない訳を挙げておきます。まず初めに世界中の諸天人民のうちに、真心で阿弥陀如来の浄土に生まれたいと願う者に、上輩、中輩、下輩の三輩があります。その上輩とは、出家して戒律を守り、菩提心を発し、無量寿仏を一向専念して、多くの功徳を修めて、阿弥陀の国に願生する者です。この衆生は命終わる時、無量寿仏と多くの聖衆がその人の前に現れるでしょう。その来迎によって、阿弥陀仏の国に往生するでしょう。そして直ちに七宝の蓮華の中より自然に化生して不退転に就き、内には勇猛な智慧を湛え、外に神通力を発揮して自在に教化するのです。それゆえ阿難よ、もし衆生がこの娑婆界で、無量寿仏を拝見したいと欲うなら、無上菩提心を発し諸善万行を修行して、安楽国に生まれたいと願いなさい。そうすれば、臨終来迎によって、見仏が叶うでしょう。

（真宗聖典　四四～四五頁趣意）

と説かれます。

次に

中輩の者とは、世界中の諸天人民のうち、真心で阿弥陀如来の浄土に生まれたいと願う時に、仏道を実践する沙門となって、上輩の者ほど大きな功徳を修めることはできないにしても、まず無上菩提心を発し無量寿仏を一向専念して、多少の善を修め八斎戒を守り、堂塔を建て仏像を造って、沙門に供養し、絵像を懸け灯火や散華、焼香等をして、この功徳を阿弥陀仏に回向して安楽国に生まれようとする者のことです。この人の臨終には、阿弥陀如来がその身を化身して、多くの聖衆と共にその人の前に現れるでしょう。その光明はまるで上輩の者を来迎する真仏の光明のようです。中輩の者は、その化仏に随って仏の国に生まれ不退転に就き、上輩の者に次ぐ功徳や智慧を得るのです。（真宗聖典　四五～四六頁趣意）

と説かれます。

最後に

下輩の者とは、世界中の諸天人民のうちに、真心で阿弥陀如来の浄土に生まれたいと願う時に、上輩のように多くの功徳を修めたり、中輩のように多少の善を修めたりはできなくても、まず無上菩提心を発し阿弥陀仏に専心念仏して、安楽国に生まれようとする者のことです。もし深く聞法して、歓喜信楽して仏を疑わないで、臨終の一念に至るまで真実心をもって称名念仏して安楽国に生まれたいと願いなさい。この人は、臨終に夢のように阿弥陀如来を拝見して、安楽国に往生を得て、中輩の者に次いだ、功徳や智慧を得るのです。（真宗聖典　四六頁趣意）

と説かれます。

『大経』下巻では、難思議往生の本願力の因は、第十八願・至心信楽の願成就文であると説き終わるのですが、それと背中合わせに、三輩章では自力の往生が説かれます。お分かりのように、三輩とも菩提心を発して自力の修行で往生しようとする第十九願・修諸功徳の願の内容が説かれています。しかし、このような自力では浄土に憧れるだけで往生が叶わないので、臨終の来迎を待たなければなりません。

この三輩章（第十九願・修諸功徳の願の願成就文）は、第十八願・至心信楽の願成就文と背中合わせに説かれています。第二十願・至心回向の願成就文は、『大経』最後の智慧段（ちえだん）に説かれています。※また後述しますが、この下巻の配置から曽我量深先生は、親鸞聖人の「三願転入」は第十九願、第二十願、第十八願の順番で平面的に説かれていますが、第十八願と第十九願の関係が回心、第十八願と第二十願の関係が難思議往生を表すと、立体的に見るべきであると言います。それは三願転入の前にある親鸞聖人の懺悔の表明が、第十八願に照らされた第十九願と第二十願の自力の懺悔になっていますので、第十八願は第十九・第二十のどちらにも立体的に関係していることが分かります。

この了解から見ると、親鸞聖人は『教行信証』の後序で、法然上人との出遇いの意味を「雑行を棄てて本願に帰す」（真宗聖典 三九九頁）と記しますが、これが親鸞聖人の人生を決定した、「回心」という体験です。自力の混ざった雑行を棄てて、本願に帰すと書かれていますから、第十九願の自力の雑行から第十八願の本願他力への翻りです。この三輩章が第十八願成就文と背中合わせに置かれるところに、自力から他力への回心が説かれているのだと思われます。

※　三輩章は『観経』の散善の九品に相当します。ここに自力から他力へ開眼する二種深信が出ますから、ここが『観経』の眼目になります。また『大経』最後の智慧段は、第二十願・植諸徳本の願の問題が説かれますから、『阿弥陀経』の眼目です。このように、『大経』には、『観経』と『阿弥陀経』の核心がどちらも説かれていますから、親鸞聖人は、『仏説無量寿経』を『大無量寿経』と呼ぶのだと思われます。

②下品下生との関係

さてこの三輩章は、『観経』で言えば定善が説き終わった後の散善（上品上生から下品下生）に相当するところです。そこには、浄土に生まれたいと願う衆生が発すべき三つの心（三心〈さんじん〉）が、次のように説かれます。

一つには至誠心、二つには深心、三つには回向発願心なり。（真宗聖典 一一二頁）

善導大師が『観経』を註釈した書である『観経疏』「散善義」では、この中の深心を解釈し、先に述べた二種深信を説いています。大切ですので挙げておきます。

> 「深心」と言うは、すなわちこれ深信の心なり。また二種あり。一つには決定して深く、「自身は現にこれ罪悪生死の凡夫、曠劫より已来、常に没し常に流転して、出離の縁あることなし」と信ず。二つには決定して深く、「かの阿弥陀仏の四十八願は衆生を摂受して、疑いなく慮りなくかの願力に乗じて、定んで往生を得」と信ず。
>
> （真宗聖典 二一五～二一六頁）

この意味は次のようです。「『観経』に「深い心」と説かれるのは、深く信じる心のことです。それには二つあります。一つには「わが身は現に、今、罪悪を重ねて生死の迷いに流転する凡夫です。永遠の昔から常に流転して、永遠の未来にわたって決して救われる縁のない者である」と、決定的に深く信じます。もう一つは、「『大経』に説かれる四十八願は、今一切衆生を摂め取って現にはたらいています。凡夫のままで、疑いなく躊躇することなくこの願力に乗托して、往生が決定した」ことを、深く信じます」。深く信じる心の一つ目を機の深信、二つ目を法の深信と言い、この二つを二種深信と言います。

善導大師は機の深信で自力無効を知らされ、そのままで『大経』の本願力によって生かされている身であると、阿弥陀の本願力に目覚めます。ですから、この自力無効の立場を「下品下生」に見定め称名念仏一つで救われると言うのです。善導大師の了解によれば、『観経』は、「下品下生」の身に目覚めさせて、『大経』の弘願に導く教えですから、本願に目覚めるために必要な門という意味で要門です。このように『観経』の釈尊の説法は、自力から他力へという方向で説かれます。この深心釈をとおして下品下生に立ったところに、善導の独自性が輝いています。それによって善導のように、『観経』は称名念仏（念仏三昧）を説く他力の教えと読むのか、それとも聖道門のように、自力で仏を見る観仏三昧の経典と読むのかに分かれます。

しかし『大経』では、第十八願成就文のすぐ後に三輩章が説かれますから、本願の名号に帰して初めて自力の問題性を教えられるのです。自力で生きている時には、自力の問題性など分かるはずがありません。実際は、本願に帰することと自力無効とは本来一つなのですが、『観経』では機と法の二種に開いて教えているのです。

③明恵の批判

法然上人は善導大師の教えをそのまま受け継いで、『観経』の下品下生に説かれる称名念仏と、『大経』の下輩章に説かれる「乃至一念」を同じものと見なし、その称名念仏に救われると主張します。ですから法然上人は、第十八願と第十九願とを明確に区別せずに、この三輩章は第十八願の成就文に包まれている箇所と了解するのです。ところが明恵が、その法然に猛反発します。彼は菩提心に立って、菩薩になり覚りを悟ることを目標とする自力の仏教者です。そこから見れば、散善の称名念仏は凡夫を菩薩道に導く方便であり、定善に説かれる観仏三昧（阿弥陀如来にまみえること）こそが『観経』の眼目になるのです。ですから彼は、この三輩章は法然上人が言うように称名念仏を説くのではなく、菩提心を説く箇所であると主張します。

確かに明恵が言うように、上輩には「菩提心を発し、一向に専ら無量寿仏を念じ」と説かれています。中輩にも「当に無上菩提の心を発し一向に専ら無量寿仏を念じ」と説かれています。さらに下輩にも「当に無上菩提の心を発して一向に意を専らにして」と、三輩章には一貫して「発菩提心」が説かれています。ですから彼は、ここは自力の菩提心を発すことと、諸の功徳を修めることが説かれる箇所で、法然上人が称名念仏を説くと見るのは誤りだと批判します。この批判に立って彼は、第十九願を「臨終現前の願」とか「現前導生の願」とか「来迎引接の願」と伝統してきた法然に対して、第十九願は「至心発願の願」・「修諸功徳の願」と読むべきであると主張します。このように明恵は、称名念仏に救われるなんてあり得ない。菩提心によって覚りを悟る道こそ大乗仏教の本道であると、法然を批判するのです。

④親鸞聖人の応答

さてこの三輩章を、善導大師が言うように「下品下生」の身に目覚めさせ称名念仏一つで救う教えと読むのか、それとも明恵の主張するように自力の発願と修行を説く教えと読むのかで、浄土門、聖道門と仏道観がまったく変わります。

けれども親鸞聖人は、文章の意味からも明恵の主張を全面的に認めます。ただし明恵が言うのは自力の菩提心と修行ですから、覚りに憧れているだけのことです。夢を追いかけて、覚りが実現する道理はありません。ですから親鸞聖人はここを、『教行信証』の方便化身土巻に引文して

　この願成就の文（第十九願成就文）は、すなわち三輩の文これなり。『観経』の定散九品の文これなり。（真宗聖典 三二七頁、（ ）内は筆者）

と、第十九願の成就文は自力を表すものと読みます。

さらに「すでにして悲願います。「修諸功徳の願」と名づく、また「臨終現前の願」と名づく、また「現前導生の願」と名づく、また「来迎引接の願」と名づく。また「至心発願の願」と名づくべきなり」（真宗聖典 三二六～三二七頁）と述べて、浄土教

伝統の願名を、明恵の言う「修諸功徳の願」と「至心発願の願」の二つの願名で挟んで、彼が言うとおりこの第十九願を自力の願と読むのです。その意味では師の法然上人と違って、親鸞聖人は第十八願の本願他力と、第十九願の自力とは明確に区別します。

このようにして親鸞聖人は、明恵の批判を全面的に認めるのですが、自力では絶対に救われないことを明らかにするために、それらのすべてを方便化身土巻にもってきて、明恵の批判に応えています。

法然上人は、自力無効に目覚めて本願の名号に帰した者が「下品下生」であると了解して、第十九願と第十八願とを明確に区別しません。親鸞聖人はその真意を継承しながら、明恵の批判を受け止めて、第十八願と第十九願を分けて、三輩章を第十九願の成就文と読みます。それはこれまでのすべての議論を踏まえながら、最終的には第十八願の成就文と三輩章とが背中合わせに説かれているという『大経』の教えに忠実に帰った了解だと思います。

8 「東方偈」

①仏道成就の感動

『大経』下巻の三輩章が終わると、次に「東方偈」が説かれます。上巻には「三誓偈」が説かれますが、これは法蔵菩薩の因願（本願）の歌です。四十八願を説き終わった後に「超世」・「貧苦（凡夫）の済い」・「妙声（本願の名号）十方に超えん」の三つを、法蔵菩薩が誓いますので、四十八願と言ってもこの三つに集約されるのです。親鸞聖人が浄土真宗を表す時には、必ずこの三つを外さないので、これが『大経』に説かれている真宗大綱であると述べてきました。それに対して下巻の「東方偈」は、衆生に仏道が成就した感動を、釈尊が詠うのです。

下巻が始まってここまでは「十方衆生」が主語ですが、この「東方偈」からは主語がいわゆる「他方の仏土のもろもろの菩薩衆」に替わります。この歌の前には「東方恒沙(ごうじゃ)の仏国の無量無数のもろもろの菩薩衆」（真宗聖典　四六頁）が阿弥陀の浄土に詣でて仏と遇うと説かれますが、それは東に限ったことではなくて「東南西北・四維(しゆい)・上下」の菩薩たちも、同じように往生して阿弥陀如来に遇うと説かれています。

そもそも、『大経』には二つの対告衆（聞き手）があることを以前述べました。それは、凡夫の苦しみからの救いも、大乗菩薩道の自利利他の課題も、如来の本願によらなければ完成しないことが初めから示唆されているのです。

この「東方偈」からはその菩薩たちに教えが説かれることになります。この歌の大切な箇所の意味を取ってみましょう。

> 阿弥陀の浄土に往詣(おうげい)した諸仏の国の菩薩たちは、恭敬(くぎょう)して三度阿弥陀仏をめぐり五体投地して、次のように願うのです。「阿弥陀如来の浄土の清らかで厳かな微妙(みみょう)不可思議な有様を拝見して、私たちも無上道心を発して、自分たちの国も阿弥陀の浄土のようでありたい」と。この願いを聞くと阿弥陀仏は微笑まれます。すると観音菩薩が「み仏よ、どうして微笑まれたのですか、願わくばそのお心を

お聞かせください」と、聞くのです。それに応えて阿弥陀如来が「今まさにここに詣でているすべての菩薩に記を授けたい。我は十方より詣でて来た菩薩たちの願いをよく知っている。あなた方はこの国のような清浄な世界を実現したいと願っている。その願いを実現し、記を受けて必ず仏に成るのである。（乃至）そしてひたすら清浄の仏土を求めるならば、必ず安楽国のような仏土を実現するであろう」と、述べられるのです。

（真宗聖典 四七～四九頁趣意）

このように阿弥陀如来から記（将来必ず成仏するという約束）を授けられた菩薩たちは、自分たちの国の菩薩たちに次のように勧めます。

阿弥陀仏の説法を聞き、それを実践してすぐに安楽国に生まれて往きなさい。阿弥陀仏の国に往詣すれば、必ず記を受けて仏に成ることができます。名号を聞き信じて往生を願えば、その仏の本願力によって、十方の衆生がみな往生して不退転に至るのです。菩薩たちよ、自分たちの国が安楽国と異ならないように願いなさい。一切衆生を救おうと願って、南無阿弥陀仏の名号を十方に弘めなさい。その妙声によって彼の浄土に往詣すれば、すべての諸仏の世界に応化して飛び往き、仏・菩薩たちを供養し、また自由に安楽国に還って仏に成ることができるのです。

②仏智疑惑の罪

ここに詠われる

> その仏の本願の力、名（みな）を聞きて往生せんと欲（ねが）えば、みなことごとくかの国に到りて、自ずから不退転に致る。
> （真宗聖典　四九頁）

という言葉が、「東方偈」の核心になります。これは第十八願の成就文ですが、古来「破地獄の文」※と呼ばれて、法然も『三部経大意』で述べていますから、親鸞聖人も法然門下の時に聞いたことでしょう。

この阿弥陀仏に遇ったものは必ず仏に成るという本願成就文が、「東方偈」の前半部分の中心になります。さらに、その授記を受けた菩薩たちが「億の如来に奉事し、飛化して諸刹に遍じ、恭敬し歓喜して去いて、還りて安養国に到らん」（同前）と、諸仏の国に飛び往きて応化の姿を示して、妙声十方に超えんと衆生教化に力を尽くし、また浄土に還って仏に成ることが説かれます。その意味では「東方偈」の前半は、第二十二願・還相回向の願の意味が説かれている部分です。

そして、「東方偈」の後半は

如来の智慧海は、深広にして涯底なし。二乗の測るところにあらず。唯仏のみ独り明らかに了りたまえり。

（真宗聖典　五〇頁）

と、「阿弥陀如来の智慧海は深く広くてほとりがなく、声聞や独覚の二乗でも測ることができない。ただ仏のみが深くて広い智慧を湛えている」と説かれています。

この文を中心にして、「憍慢と弊と懈怠とは、もってこの法を信じ難し。宿世に諸仏を見たてまつれば、楽んでかくのごときの教を聴かん」（同前）と、阿弥陀の深い智慧海に遇ったものは、「自分の身はおごりたかぶり、自分勝手に法を聞いて、怠惰な心で少しも教えを信じないと、改めて知らされます。もし宿世に諸仏に遇っていたなら、教えを聴くことができる」と、如来の智慧にしか分からない第二十願の仏智疑惑の問題が露にされます。

つまり如来に遇ったものは、かえって宿業の身の罪の重さを知らされて、教えに遇ったことさえ自分の手柄ではないと、阿弥陀如来を讃嘆して「東方偈」が終わるのです。

※　玄通律師という中国の僧侶が、死後、破戒の罪で地獄行きを宣告された時にこの「東方偈」の文を誦したところ閻魔大王が大いに感動して、堕地獄を免れたと伝えられている。

9　第二十二願・還相回向の願成就文

①菩薩の教化

「東方偈」が終わると、すぐに次のような大切な文が掲げられます。

かの国の菩薩は、みな当に一生補処を究竟すべし。その本願、衆生のためのゆえに、弘誓の功徳をもって自ら荘厳し、普く一切衆生を度脱せんと欲わんをば除く。

（真宗聖典　五一頁）

「阿弥陀如来に遇った菩薩は、みな一生補処の位（一生を終われば必ず仏となる位）を究めるのです。ただし衆生のために、普く一切衆生を済いたいという願いをもつ菩薩は、仏に成ることから除きましょう」という意味です。

つまり阿弥陀如来に遇った菩薩はすぐに仏に成ることができますが、衆生を救いたいという願いをもつ菩薩は仏に成ることを猶予するので、浄土から出て往って教化してきなさいという意味です。

先の「東方偈」でも説かれていたように、阿弥陀仏に遇った菩薩は、すべての国を阿弥陀の浄土のように清浄にしたいと願って、そこから諸仏の国に還って教化するのです。すぐに分かるように、第二十二願・還相回向の願の内容になります。親鸞聖人はこの文を『浄土文類聚鈔』に引文しています。大切な文ですので、それを見てみましょう。

> 二に「還相回向」と言うは、すなわち利他教化地の益なり。すなわちこれ「必至補処の願」より出でたり。また「一生補処の願」と名づく。また「還相回向の願」と名づくべし。
>
> 願成就の文、『経』に言えり、「かの国の菩薩は、みな当に一生補処を究竟すべし。その本願の、衆生のためのゆえに弘誓の功徳をもってして自ら荘厳し、あま

ねく一切衆生を度脱せんと欲わんをば除かんと。」已上

聖言、明らかに知んぬ。大慈大悲の弘誓、広大難思の利益なり、いまし煩悩の稠林に入って諸有を開導す、すなわち普賢の徳に遵うて群生を悲引す。

（真宗聖典　四〇七～四〇八頁）

ここで分かるように、親鸞聖人は、「東方偈」のすぐ後にある先の文を、還相回向の願の成就文と読んでいます。さらにそれを解説して、「この大聖釈尊の言葉で、よく知ることができるでしょう。この還相の菩薩の教化は、阿弥陀如来の大慈悲の広大な本願の利益です。それはすぐに浄土から煩悩の林に還って、一切衆生を教化するのです。ちょうど普賢菩薩の徳に遵って、一切の群萌を大悲の本願に導くのです」と述べられます。

したがって『大経』下巻の「東方偈」から、三毒五悪段の前までは浄土の菩薩たちの勝れたはたらきが讃嘆されますが、この還相回向の成就文を総標として、還相の菩薩が具える功徳が説かれていると了解すべきでしょう。その菩薩の還相回向のすべて

は、阿弥陀如来の本願力によるのです。

②還相回向の開顕

『大経』の下巻は衆生往生の因果が説かれていますから、ほとんどの講録や参考書は、「十方衆生」が主語として説かれる三輩章までを、衆生往生の因が説かれている箇所と読み、「他方の仏土のもろもろの菩薩衆」を主語とする「東方偈」以降をその果と読んでいます。それは慧遠の『無量寿経義疏』や憬興の『述文賛』などを参考にした了解ですが、彼らは聖道門の学僧ですので、菩薩になることが目標ですから、主語が菩薩に替わる「東方偈」以降を、往生の果と読むのは当然です。

しかし、『大経』を完全に他力の経典と読んだのは、著書では『教行信証』が初めてと言ってもいいのです。ですから『大経』の了解は、親鸞聖人によらなければいけません。親鸞聖人は、『浄土三経往生文類』で、

　大経往生というは、如来選択の本願、不可思議の願海、これを他力ともうす

なり。これすなわち念仏往生の願因によりて、必至滅度の願果をうるなり。
（真宗聖典　四六八頁）

と、第十八願・至心信楽の願を因として第十一願・必至滅度の願果を得る、と言っています。『大経』下巻では、最初に説かれる第十一願・必至滅度の願成就文（証）、第十七願・諸仏称名の願成就文（行）、第十八願・至心信楽の願成就文（信）までに、衆生往生の因果が説かれていると了解しています。ここまでは『大経』では主語が「十方衆生」ですから、衆生往生の因果は、ここで完結していると説いています。この親鸞聖人の了解に従うべきだと思います。

視点を変えて如来のはたらきという意味でここを見れば、「往相の回向に教行信証あり」と言われていましたから、『大経』（教）の本願力によって、衆生に行・信・証が与えられるという往相の回向が説かれているところと見ることができます。

それに対して「東方偈」以降は、「他方の仏土のもろもろの菩薩衆」と主語が替わります。主語が違うということは、「十方衆生」とは位が違うのです。聖道門のようにここを往生の果と読むと、衆生がやがて還相の菩薩になるということになるのですが、親鸞聖人は愚禿と名告って、決して菩薩になるとは言いません。「他方の仏土のもろもろの菩薩衆」とは、法蔵菩薩の第二十二願・還相回向の願に乗托して浄土から「十方衆生」を教化するために応化の姿をしめす菩薩たち、それは釈尊や法然を代表とする、善知識のことです。

親鸞聖人は法然上人のことを、次のように和讃します。

源空勢至と示現し
あるいは弥陀と顕現す
上皇群臣尊敬し
京夷庶民欽仰す

（真宗聖典　四九八～四九九頁）

「法然上人は、その本地である勢至菩薩として現れ、阿弥陀如来の姿を現して教化してくださった。上皇やその家臣である公家や大臣たちがそろって尊敬し、京や田舎の庶民たちまでもがみな敬い仰いだのです」。さらに、次のようにも詠います。

阿弥陀如来化してこそ
本師源空としめしけれ
化縁すでにつきぬれば
浄土にかえりたまいにき
（真宗聖典　四九九頁）

「阿弥陀如来が法然上人という応化の姿を現してくださった。この世での教化の縁が尽きて、浄土にお還りになられたのです」。このように親鸞聖人は、法然上人を浄土から教化に現れた還相の菩薩と尊敬するのです。それは、浄土から還って来た菩薩でなければ、「十方衆生」を浄土に導くことができるはずがないからです。

さて、これまで尋ねたことでよく分かるように、『大経』では、法蔵菩薩の本願力が「十方衆生」に恵むものは、浄土真実の教・行・信・証でした。我われに生きてはたらく仏道を与えるのが、如来の往相回向です。

それに対して、「東方偈」以降は主語が「他方の仏土のもろもろの菩薩衆」に替わりますから、浄土から還相して衆生を教化する菩薩のはたらき、つまり還相回向ですが、それは具体的には善知識を表していました。

『教行信証』では教巻だけが、標挙として本願文を挙げていません。ですから浄土真実の教の根拠が、証巻の最後に説かれている、還相の菩薩の教化になるのだと思われます。

このように『大経』下巻では、主語が「十方衆生」となっている冒頭の部分に往相の回向が説かれています。また「東方偈」以降の、主語が「他方の仏土のもろもろの菩薩衆」になっている部分を、親鸞聖人は還相回向と了解しています。曇鸞の「如来の回向に二種の相がある」という教えに導かれてはいますが、親鸞聖人は『大経』に帰って、往相回向と還相回向の二種類の回向を説くのです。

曇鸞の『浄土論註』の阿弥陀如来の回向に二種の相がある、つまり一つの回向に往相と還相の二つの姿が備わっているという了解を根拠に、往相即還相と理解される風潮がありますが、そのような了解は世親・曇鸞によるものであって、親鸞聖人にはありません。そもそも『大経』で主語が違うということは、如来の回向という意味では同じなのですが、往相回向と還相回向とでは、その役目がまったく違うということを示しているのです。

『論註』の了解を受けて、親鸞聖人が往相回向と還相回向の二種類の回向として展開されたのは、何も親鸞聖人の勝手な了解ではなくて、完全に『大経』の教えに戻して表現し直したものであることを、よく理解するべきだと思います。

10　三毒五悪段

①『大経』における三毒五悪段

『大経』下巻では、「東方偈」以降は、第二十二願・還相回向の願の成就文を総標にして浄土の菩薩の荘厳功徳が長く説かれます。それが終わると、浄土に照らされた衆生の生きざま、つまり難思議往生の具体的な生きようが、三毒五悪段として説き出されます。この三毒五悪段は、『平等覚経』、『大阿弥陀経』、所依の『大経』の旧訳にはあるのですが、新訳の『如来会』、『荘厳経』の二経にはありません。おそらく旧約と新訳とでは、経典の伝統が違うのでしょう。『教行信証』では、親鸞聖人が必ず所依の『大経』と『如来会』とを連続して引文するのは、そのためであると思われます。

また、三毒五悪段では中国思想の影響もあって自然という言葉が多く使われ、慈氏菩薩という訳語が、弥勒菩薩となっていることなどから、ここはシルクロードか中国あたりで、後に付加された箇所であることが定説となっています。そのため文献学的には軽んじられる傾向にありますが、親鸞の思想研究からすれば、難思議往生という衆生の念仏生活を表す大切な箇所であると思われますので、紐解きながら尋ねてみましょう。

②弥勒等同

『大経』の下巻は、阿難に説かれますが、この三毒五悪段になると対告衆（聞き手）が弥勒に替わります。弥勒菩薩は必ず仏に成ることが決まっていますので、あえて説法する必要はないように思われます。それにもかかわらず釈尊が弥勒を呼び出すのは、ここからは仏に成ることが決まっている者の念仏生活を教えているからでしょう。

親鸞聖人はこの三毒段からは二文を『教行信証』に引文しますが、どちらも信巻の真の仏弟子釈に引くことから、ここは真の仏弟子の念仏生活を説く箇所と読んでいるのだと思います。この三毒五悪段が終わると仏の智慧を説く智慧段が開かれますが、そこでは阿難と弥勒とを同時に呼び出して説法します。これを受けて親鸞聖人は、真の仏弟子の結釈に次のように記しています。

> 真に知りぬ。弥勒大士、等覚金剛心を窮むるがゆえに、龍華三会の暁、当に無上覚位を極むべし。念仏衆生は、横超の金剛心を窮むるがゆえに、臨終一念の夕、大般涅槃を超証す。かるがゆえに「便同」と曰うなり。（真宗聖典　二五〇頁）

意味は次のようです。「この真仏弟子釈でよくお分かりいただけたでしょう。弥勒菩薩は自力の修行で等覚の金剛心にまで到達した菩薩ですから、仏滅後五十六億七千万年に龍華の木の下で三度の会座（えざ）を開き、たくさんの人を仏にして、自らも仏に成ります。念仏の衆生は他力金剛の信心を獲ていますから、この世の命が終われば本願力によって必ず仏に成るのです。ですから真の仏弟子は、弥勒菩薩とすでに等しいと言うのです」。このように親鸞聖人が、念仏者は弥勒菩薩と等しいと言うのは、釈尊の『大経』の対告衆の変遷に忠実に従っているからだと思われます。

③願力自然

『大経』では「自然」の語がたくさん使われていて、上・下巻合わせて五十六箇所を数えます。上巻の自然はすべて浄土の無為自然（むいじねん）（涅槃の覚り）をあらわしますが、三毒五悪段のほとんどが迷いの行為によって苦しみを重ねる業道（ごうどう）自然として使われます。この無為自然と業道自然のちょうど分水嶺に当たる文が、三毒段の初めにある次の文です。

必ず超絶して去ることを得て、安養国に往生せよ。横に五悪趣を截りて、悪趣自然に閉じん。道に昇ること窮極なし。往き易くして人なし。その国逆違せず。自然の牽くところなり。（真宗聖典　五七頁）

意味は次のようです。「必ず生死の迷いを超え絶って、この苦しみの世界を去り、安養国に往生しなさい。本願力によって横さまに五悪趣（地獄、餓鬼、畜生、人、天の五つの迷い）を截って、悪趣も自然に閉じるのです。まことに往き易くして往く人がないのが安養の浄土であって、その国に生まれれば本願他力の信心の業因に牽かれて、逆らわず、違わずに、大涅槃に昇ることは極まりがありません」。

この大切な文章を、親鸞聖人は『尊号真像銘文』で次のように解説しています。

「悪趣自然閉」というは、願力に帰命すれば、五道生死をとずるゆえに自然閉という。閉はとずというなり。本願の業因にひかれて、自然にうまるるなり。（中略）真実信をえたる人は、大願業力のゆえに、自然に浄土の業因たがわずして、かの業力にひかるるゆえにゆきやすく、無上大涅槃(むじょうだいねはん)にのぼるにきわまりなし、とのたまえるなり。しかれば、自然之所牽(じねんししょけん)ともうすなり。

（真宗聖典　五一四～五一五頁）

このように「悪趣自然閉」と「自然之所牽」の自然を、法蔵菩薩の大願業力の自然、つまり「願力自然」と読み取っていることがよく分かります。業道自然によって迷いの人生に沈む衆生を、如来の願力自然によって、浄土の無為自然に転じるのです。無為自然や業道自然の語は他の経典にも説かれていて、大乗仏教でもよく使われる言葉ですが、願力自然は『大経』の核心を表す思想として、親鸞聖人が独自に読み取った造語です。親鸞聖人は、ここに『大経』の仏道の眼目があることを、三毒段の「必得超絶去」の文から教えられています。それはこの文が、無為自然と業道自然の分水嶺に配置されているからです。

④浄土に照らされた衆生の生活

『大経』では、この三毒五悪段だけが衆生の念仏生活を表しているところです。もし三毒五悪段がなければ、すべてが如来の世界だけになって、それが衆生の生活とどう関わるのかが分からなくなります。その意味で三毒五悪段は、まず真の仏弟子の難思議往生という念仏生活の具体性が説かれているところです。つまり浄土の智慧の光に照らされて、娑婆(しゃば)の念仏生活が成り立つと説かれているのです。

また自力の修行で等覚の金剛心を獲得した弥勒菩薩と、回心して他力の信心を得た阿難とが等しいと、親鸞聖人が読み取ったところです。さらに本願力回向を表す願力自然を読み取った箇所でもあります。このように見てくると親鸞聖人の思想として、この三毒五悪段がいかに大切か分かるでしょう。

さて、ここに説かれる三毒とは、貪欲、瞋恚、愚痴の煩悩のことです。貪欲とは砂漠で水を求めるように物をむさぼり人に執着すること、瞋恚とは腹を立てること、愚痴とは何が真実か分からないことです。如来の智慧に見られている衆生は、この煩悩の塊ですから、親鸞聖人がこの世は「地獄一定すみかぞかし」と答えたのもよく分かります。この三毒の煩悩が源になって、衆生の具体的な五悪の生活があるのですから、三毒が衆生の最も根源的な問題になります。

貪欲のところでは、田や財産がある者はあることで憂い、ない者はないことで憂うると教えられています（真宗聖典　五八頁）。ということは、財産それ自体に問題があるのではなくて、財産に執着する衆生の心に問題があることを、釈尊が教えているのです。

瞋恚も愚痴も同じですが、貪欲と瞋恚はまだ反省ができます。しかし愚痴の煩悩は無明煩悩ですから、反省が届きません。無明煩悩とは、何が真実か分からないことです。そうであれば、自分を立て自分を守ることしか残りません。つまり自己執着のことですが、この煩悩は反省を超えて深いのです。反省しても反省しても、自我の上の反省ですから、自我そのものの愚かさが分かるはずはありません。自我全体の在り方に目覚めるのは、如来の智慧に遇うほかはないのです。ですから、この愚痴の煩悩のところは、特に如来の教えとの対比の中で説かれます。

親鸞聖人が『一念多念文意』で

凡夫というは、無明煩悩われらがみにみちみちて、欲もおおく、いかり、はらだち、そねみ、ねたむこころおおく、ひまなくして臨終の一念にいたるまでとどまらず、きえず、たえず

（真宗聖典 五四五頁）

と善導大師の二河譬（にがひ）の解釈をしますが、無明煩悩が根本煩悩と説かれるのは、この三毒段の教えによるのだと思われます。

この三毒五悪段で釈尊は、一切衆生の根源が三毒の煩悩であることを教え、本願力によってそれを超えよと教え誡めているのです。そもそも煩悩なんて仏教に遇わなければ問題にもなりませんし、むしろ生きがいになると勘違いすることさえあります。しかし釈尊は、それが一切の苦の本だから、本願の念仏によってそれを超えて往けと教誡するのです。貪、瞋、痴の煩悩を超えて人間が人間以上のある者に成る道、それが難思議往生という我われの念仏生活です。

⑤『大無量寿経』の生活規範

難思議往生の念仏生活は、煩悩の身を超えたいという意欲を生きることでしょうが、具体的には、どのような生活を送ればいいのでしょうか。一昔前の寺の生活は質素で、報恩講なども期間中は、精進でした。それを伝統的に守ってきたのですが、現代ではそれが崩れて、宗教生活そのものが、分からなくなっているのではないでしょうか。「真宗には生活規範がない」などと言う人さえいますが、『大経』の仏道においては、決してそうではありません。そもそも生活規範がないような宗教は、世界中どこを探してもありません。なぜなら、具体的な生活規範がなければ、そんな宗教はなくてもいいからです。

三毒五悪段は衆生の生活の愚かさが説かれていますが、その全体を救わんとするのが法蔵菩薩の本願です。ですから釈尊は、本願に生きる者になって三毒を超えよと勧めます。その法蔵菩薩のご苦労が説かれる勝行段（しょうぎょうだん）と、衆生の三毒五悪段とは、必然的に対応しながら説かれています。勝行段の文を見てみましょう。

不可思議の兆載永劫において、菩薩の無量の徳行を積植して、欲覚・瞋覚・害覚を生ぜず。欲想・瞋想・害想を起こさず。色・声・香・味・触・法に着せず。忍力成就して衆苦を計らず。少欲知足にして、染・恚・痴なし。三昧常寂にして、智慧無碍なり。虚偽・諂曲の心あることなし。和顔愛語にして、意を先にして承問す。勇猛精進にして、志願倦むことなし。専ら清白の法を求めて、もって群生を恵利しき。三宝を恭敬し、師長に奉事す。

（真宗聖典　二七頁）

この意味は次のようです。「不可思議兆載永劫の修行によって、法蔵菩薩は無量の徳行を積み重ねて浄土を建立しました。その間、貪欲・瞋恚から起こる害心など微塵も起こしません。人間の欲想・害心とは異質な本願力の修行によって浄土を建立されたのです。周りを取り巻く六境（知覚・認識の対象）にも執着しないし、その上堪え忍ぶ力が強くどんな苦労にも心を動かされません。少欲知足で三毒の煩悩など露ほどもありません。寂静三昧に住していて何ものをも見抜く智慧を湛えています。虚偽諂曲（いつわり・へつらい）の心もなく、和顔愛語にして衆生の志を汲んで求める先に何事をも与えてくれます。その志は勇猛精進にして、倦むことがありません。ひたすら法を求めて、それを群萌に利益するのです。仏・法・僧の三宝に恭敬し、師匠や先輩に仕えるのです」。

ここに法蔵菩薩は「欲覚・瞋覚・害覚を生ぜず。欲想・瞋想・害想を起こさず」と、衆生の貪、瞋、痴の煩悩とは異質な、真実の心で修行したことが説かれます。この法蔵菩薩の真実心が込もった本願によらなければ、三毒を超えることはできないと、釈尊が教誡するのです。

その貪欲と異質な心の具体相が、「少欲知足」として説かれます。欲を少なくして足ることを知るという意味ですが、「自体満足」が仏道の救いですから、そこに立って生きるという意味でしょう。できるだけ質素に人や物や地位や名誉から離れ自体満足に立って、教化に命を尽くすことです。しかし、今のような豊かな時代になると、仏道を表現するのに相当な工夫がいりますが、貪欲を超えるために「少欲知足」を生きることが要請されています。

瞋恚と異質な心の具体相が、「和顔愛語」として説かれます。柔らかな顔をして優しい言葉を掛け合って生きなさいということです。我われの根本煩悩は、無明です。無明とは真理を知らないことですが、真理を知らなければ結局は、生まれ育った環境によって身についた価値観しかありません。それがぶつかって争いが起こるのですから、育った環境の違いで、ぶつかり合っているだけです。如来の智慧で見れば、いかにも愚かしい限りですから、争いを超えるために優しい言葉を掛け合って生きなさいと勧めるのです。

愚痴と異質な心の具体相が、「恭敬三宝」として説かれます。それは根本煩悩である愚痴だけは、人間の反省を超えていますから、仏道との関係でしか自覚できないから、仏・法・僧の三宝を恭敬しなさいと説かれるのです。これは簡単に言えば、称名念仏と理解しても間違いではないでしょう。

もちろんこれらは、法蔵菩薩の願心ですが、それに生きようとするのが真の仏弟子ですから、その生活目標が「少欲知足」、「和顔愛語」、「恭敬三宝」の三つになるのだと思われます。要するに、称名念仏の智慧（恭敬三宝）によって三毒の煩悩を超えて

（少欲知足）、一切の人を如来の子と頂いてねんごろに接しながら（和顔愛語）、浄土に生まれて往く者になりなさい。それが念仏生活、難思議往生の宗教生活であると教えているのです。

はたして親鸞聖人が関東の門弟に送った御消息（お手紙）には、三毒の煩悩を超えよと繰り返して説かれています。例えば第一通には、次のように説かれます。

> 無明のえいもさめやらぬに、かさねてえいをすすめ、毒もきえやらぬに、なお三毒をすすめられそうろうらんこそ、あさましくおぼえそうらえ。煩悩具足の身なれば、（中略）いかにもこころのままにあるべしともうしおうてそうろうらんこそ、かえすがえす不便におぼえそうらえ。
>
> （真宗聖典　五六一頁）

これは次のような意味です。「無明の酔いもさめていないのに重ねて酔いを勧め、三毒を勧めていることには驚くほかはありません。煩悩の身だからそのままでいいなどと言い合っていることは、どう考えても困ったことです」。ここに誡められているように、これが念仏往生の証（しるし）です。一心帰命の回心の場面においては、凡夫のままの救いを言うことができるでしょう、しかし一心願生の念仏生活においては、「煩悩の身だからそのままでいいなどと言い合っていることは、どう考えても困ったことである」と、親鸞聖人が誡めています。この三毒を超えよということが、お手紙に何度も繰り返されます。

参考書等では、それは関東の弟子たちの中の造悪無碍（ぞうあくむげ）を誡めるためであると解説されています。もちろんそれも一つの理由かもしれません。しかし例え造悪無碍がなかったとしても、親鸞聖人は、これを繰り返し伝えたと思います。なぜなら念仏生活の規範として、三毒を超えることが『大経』に明確に説かれているからです。念仏者は、自らの煩悩と戦いながら、「人間が人間以上のある者になっていく道」、つまり仏に成る道に立っていかなければなりません。それが『大経』に説かれる、願生浄土の具体的な生活の在りようだからです。

第二通目には、もう一つ「世をいとうしるし」が説かれていますので、それを挙げておきましょう。

としごろ念仏して往生をねがうしるしには、もとあしかりしわがこころをもおもいかえして、ともの同朋にもねんごろのこころのおわしましあわばこそ、世をいとうしるしにてもそうらわめとこそ、おぼえそうらえ。（真宗聖典　五六三頁）

この意味は次のようです。「念仏して往生を願うしるしとは、念仏する以前の悪かった自分の心を反省して、お互いにともの同朋として、真心で親しみ合うことこそ、世をいとう念仏往生のしるしであると、心得てください」。このように親鸞聖人は、あらゆる人を如来の子といただいて親しみ合い、三毒の煩悩（自力の執心）を超えていくことこそ、難思議往生という念仏生活の証（しるし）なのだと教えています。そもそも生活規範がなければ、その宗教はないに等しいのですから、我われはこの三毒五悪段の教えをよく聞いて、それを念仏生活の中で表現するべきだと欲うことであります。

⑥難思議往生の生活規範

これまで『大経』の三毒五悪段と勝行段によって、念仏生活の規範を尋ねてきました。そこでは「少欲知足」と「和顔愛語」と「恭敬三宝」が念仏生活の三本柱でした。しかしこの三毒五悪段は、難思議往生が説かれているところですから、浄土荘厳との関係でもその生活が明らかにされなければなりません。

その浄土のはたらきを、世親菩薩は『浄土論』で、二十九種荘厳功徳として表していますが、その中から親鸞聖人は証巻で、『論註』によって四つの功徳だけを選んでいます。そうであればこの四つの功徳に、浄土が開かれた人の念仏生活が象徴的に表されていることになります。この証巻の浄土荘厳によって、大経往生（難思議往生）がどのような具体的な生活を開くのかを尋ねてみましょう。

第一に「荘厳妙声功徳成就（しょうごんみょうしょうくどくじょうじゅ）」の文が掲げられています。世親が「梵声（ぼんしょう）の悟り深遠（じんのん）にして微妙（みみょう）なり、十方に聞こゆ」と詠うところです。「本願の名号の覚りは深く、世界中に名号の声が響きわたっている」という意味ですが、親鸞聖人が浄土を説く時に、最初に「名号の声」を掲げることから、『大経』の浄土は本願招喚の声を聞くことによって開かれるのです。それ以外は観念の浄土であって、本願の名号に帰する以外に、我われを本当に救う浄土はどこにもありません。

ここではそれを、曇鸞の次の引文で表しています。

もし人ただかの国土の清浄(しょうじょう)安楽なるを聞きて、剋念(こくねん)して生まれんと願ぜんものと、また往生を得るものとは、すなわち正定聚に入る。（真宗聖典 二八一頁）

この文は通常、「剋念して生ぜんと願ずれば、また往生を得て、即ち正定聚に入る」と読むべきですが、親鸞聖人は「国土の清浄安楽なるを聞きて、剋念して生まれんと願ぜんもの」と、読んでいます。本来、正定聚は、浄土に生まれてから得る位で、必ず涅槃に至るべき位という意味です。それを親鸞聖人は、願生者の信心に先取りして、先の『浄土三経往生文類』の引文にあったように、「現生正定聚」とするのです。身は凡夫ですから浄土に生まれてしまうわけではありませんが、本願の信心を因として、果の浄土がはたらき出て、現生に正定聚に立つのです。であればこそ、この「荘厳妙声功徳成就」を最初に掲げるのであると思われます。

二番目には、「荘厳主功徳成就」が挙げられます。我われはこの世界を生きる時に、何を主としているでしょうか。三毒段では、貪・瞋・痴の煩悩にまつわるものしか主にできないと説かれています。例えば、財産とか地位とか名誉とか大切な人とか愛とか良心といったものです。それは大切だと思えても、三毒の煩悩の影にほかならないのですから、迷いを重ねるだけで何の頼りにもなりません。

この証巻では、阿弥陀如来を主とすることができた者の生き方が、次のように説かれています。

> もし人ひとたび安楽浄土に生ずれば、後の時に意「三界に生まれて衆生を教化せん」と願じて、浄土の命を捨てて願に随いて生を得て、三界雑生の火の中に生まるといえども、無上菩提の種子畢竟じて朽ちず。何をもってのゆえに。正覚阿弥陀の善く住持を径るをもってのゆえにと。
>
> （真宗聖典 二八二頁）

阿弥陀如来を本尊とすることができた者は、本願の住持力によって、衆生教化の願いを生きる者になるのです。浄土が開かれていなければ、三毒に振り回されて、どちらに向けばいいのか、どこに命を懸けるべきかが決まらずに迷うほかはありません。しかしひとたび浄土が開かれれば、阿弥陀如来を主とし、その本願力によって世を超えようとする意欲と、衆生への教化に命を捨てていくことが説かれているのです。

これは信巻の「現生十種の益※」で言えば、最後の「常行大悲の益」と「正定聚に入る益」（真宗聖典二四一頁）に相当すると思われます。この主功徳に説かれる衆生教化の志願に、難思議往生の生き方がよく教えられています。

三番目には、「荘厳眷属功徳成就」が挙げられます。眷属とは如来の親族という意味ですが、それが、次のように説かれています。

> かの安楽国土は、これ阿弥陀如来正覚浄華の化生するところにあらざることなし。同一に念仏して別の道なきがゆえに。遠く通ずるに、それ四海の内みな兄弟

とするなり。眷属無量なり。いずくんぞ思議すべきや。（真宗聖典 二八二頁）

我われの世界では、好き嫌い、都合がいいか悪いか、利用するかしないかという関係しかありません。しかし浄土へ生まれる者は、必ず如来の覚りの華から生まれるのですから、如来の家族として生きることになるのです。人間と人間という横の関係ではなくて、如来とそれぞれが独立者として垂直に結ばれていく、その如来との関係に目が開かれるのです。

先の親鸞聖人のお手紙でも、「とものの同朋にもねんごろのこころのおわしましあわばこそ、世をいとうしるし」と、伝えられていました。要するに、如来の子としてお互いを尊敬し、親切な心で接し合うことこそ、難思議往生の証拠なのです。これが「荘厳眷属功徳成就」が挙げられる意義です。

これまで尋ねた三つの荘厳功徳をまとめると、本願の名号に帰して（荘厳妙声功徳成就）、阿弥陀如来の本願の住持力によって三毒の煩悩を超え、それを教化したい（荘厳主功徳成就）。そして、あらゆる人を「ともの同朋」（荘厳眷属功徳成就）として生きて往きたいということです。ここに『大経』の「少欲知足」と「和顔愛語」と「恭敬三宝」が、見事に押さえられていると思います。

それが、最後の「荘厳清浄功徳成就」の次のような文で、締め括られます。

凡夫人の煩悩成就せるありて、またかの浄土に生まるることを得れば、三界の繋業畢竟じて牽かず。すなわちこれ煩悩を断ぜずして涅槃分を得、いずくんぞ思議すべきや。

（真宗聖典 二八三頁）

ここで言われる「煩悩を断ぜずして涅槃分を得」るということを、親鸞聖人はそのまま「正信偈」で、「よく一念喜愛の心を発すれば、煩悩を断ぜずして涅槃を得るなり」（真宗聖典 二〇四頁）と詠い、また「惑染の凡夫、信心発すれば、生死即涅槃なりと証知せしむ」（真宗聖典 二〇六頁）と詠います。

この「生死即涅槃」とは、大乗仏教の旗印そのものです。親鸞聖人が、この証巻で清浄功徳を最後に置くのは、先に掲げた難思議往生の念仏生活の全体が、実はそのままで涅槃に向かう人生であると教えているのです。つまり浄土教の往生は、これまで凡夫のための方便の教えのように言われてきましたが、大経往生はそのままで、大乗仏教全体が目標にしている、大般涅槃道であると言っているのです。

このように尋ねてきて分かるように、「荘厳妙声功徳成就」に『大経』で尋ねた「恭敬三宝」を当てることができるでしょう。「荘厳主功徳成就」は、娑婆のあらゆる煩悩を超えて仏道に生きるのですから、「少欲知足」が当てられます。「荘厳眷属功徳成就」には、言うまでもなく「和顔愛語」が当てられます。

そうすると親鸞聖人が証巻で選んだ浄土の荘厳功徳は、『大経』に釈尊が説いていた三つの生活規範と同じことを言っていることになります。それは、難思議往生という生活の中で「荘厳妙声功徳成就」、「荘厳主功徳成就」、「荘厳眷属功徳成就」、「荘厳清浄功徳成就」という浄土のはたらきに、娑婆の三毒五悪の愚かさが照らし出され、それを超えようとする意欲を生きることだと思います。

※ 現生十種の益 親鸞聖人が信心を獲得した者が現生において獲ると説く十種の利

益。①冥衆護持の益、②至徳具足の益、③転悪成善の益、④諸仏護念の益、⑤諸仏称讃の益、⑥心光常護の益、⑦心多歓喜の益、⑧知恩報徳の益、⑨常行大悲の益、⑩正定聚に入る益

⑦念仏生活で残る課題

これまで述べてきたように、回心後の念仏生活は、釈尊が教誡するように三毒の煩悩を超えていくことです。ですから難思議往生の生活は、三毒の煩悩との戦いです。しかし宿業の身は命終わるまで消えるわけではありませんから、念仏生活といえども煩悩の身の習い性である世間の価値観に押し流されていきます。ですから、念仏生活の中で改めて知らされることは、自力の執心の底なしの深さではないでしょうか。三毒段の最後に、釈尊の方がその課題を弥勒に説いていますので、そこを尋ねておきましょう。

愚痴の煩悩を超えなさいと説き終わった釈尊に、弥勒菩薩は長跪合掌（ちょうきがっしょう）して、その教

えに救われた感動を述べます。その弥勒菩薩に釈尊は、次のように伝えます。

> 汝等、宜しくおのおの精進して心の所願を求むべし。疑惑し中悔して自ら過咎を為して、かの辺地七宝の宮殿に生じて、五百歳の中にもろもろの厄を受くることなかれ。
>
> （真宗聖典　六五頁）

意味は次のようです。「あなたたちはそれぞれ念仏を称え精進して、往生浄土の道を求め窮めなさい。仏智を疑い途中で歩みを止めて、自分から過ちをつくって、せっかく安養国に生まれながら、片隅の七宝の宮殿に生まれて、五百年の間仏を見ることができずに、いろいろの厄を受けるようなことがあってはなりません」と、釈尊が誡めるのです。

救いが完成していた弥勒菩薩に対する教誡ですから、この仏智疑惑の罪は、弥勒自身にも自覚できないほど深い罪なのでしょう。言うまでもなく第二十願・植諸徳本（念仏の功徳まで自分の手柄に植え直す）の願が教える、仏智疑惑の罪の深さです。そ

の深い仏智疑惑を見抜く阿弥陀如来の智慧にこそ

> 如来の智慧海は、深広にして涯底なし。二乗の測るところにあらず。唯仏のみ独り明らかに了りたまえり。　（真宗聖典　五〇頁）

と、説かれる理由があるのだと思います。本願が成就して真仏弟子としての念仏生活を送っている私たちには自覚できないほど深い罪、しかし「仏のみ独り明らかに了りたまえる」罪、それが仏智疑惑の深い自力の執心です。

ですから、『大経』では、最後の智慧段（真宗聖典　七九頁〜）でこの問題を抉り出し、第二十願の果遂の誓いの意味を明確にして、群萌が救われる一乗の経典であることを証明するのです。この仏智疑惑の罪をもつ我われの宿業の身こそが、『大経』の最後に説かれる智慧段を、要請しているのだと思われます。

11　智慧段

①胎生の理由

智慧段では、まず釈尊が阿難と弥勒菩薩に、阿弥陀の浄土を隅々まで見てきましたかと聞くと、阿難が見ましたと答えます。釈尊はその中に胎生（たいしょう）の者がいたのを見ましたかと聞くと、阿難が見ましたと答えます。続けて阿難は、胎生の様子を「その胎生の者のいる宮殿は、百由旬（ゆじゅん）も五百由旬もある巨大な城で、その中で天上界のようなたくさんの快楽を自然に受けておられます」と言うのです。胎生とは無辺際（むへんざい）の阿弥陀の浄土の片隅にあり、そこに生まれた者は天上界のような快楽を手に入れるけれど、金の鎖でつながれていて、五百年の間三宝を見ることができないと説かれています。つまり本当の自由と平等の世界に開放されずに、母親の子宮のような心地よさの中に五百年も閉じ込められているのです。

阿難が答え終わると、今度は弥勒菩薩が

> 世尊、何の因、何の縁なれば、かの国の人民、胎生化生なる（真宗聖典 八一頁）

と釈尊に尋ねます。つまり阿弥陀の浄土に生まれるとすべての衆生が救われるはずなのに、子宮の中に生まれたような胎生の者がどうしているのですか、また胎生と蓮華化生（第十八願の往生）との違いがどうして生まれるのですか、と質問しているのです。等覚の金剛心を得ている弥勒菩薩でも、胎生の理由が分からないのです。それに釈尊が、次のように答えます。

> もし衆生ありて、疑惑の心をもってもろもろの功徳を修して、かの国に生ぜんと願ぜん（第十九願・修諸功徳の願）。仏智・不思議智・不可称智・大乗広智・無等無倫最上勝智を了らずして、この諸智において疑惑して信ぜず。しかるに猶し罪福を信じ善本を修習してその国に生ぜんと願ぜん（第二十願・植諸徳本の願）。

このもろもろの衆生、かの宮殿に生まれて寿五百歳、常に仏を見たてまつらず。経法を聞かず。菩薩・声聞聖衆を見ず。このゆえにかの国土においてこれを胎生と謂う。

もし衆生ありて、明らかに仏智、乃至、勝智を信じて、もろもろの功徳を作して信心回向せん。このもろもろの衆生、七宝華の中において自然に化生せん。跏趺して坐せん。須臾の頃に身相・光明・智慧・功徳、もろもろの菩薩のごとく具足し成就せん。（第十八願・至心信楽の願）。

（真宗聖典　八一～八二頁、（　）内は筆者）

意味は次のようです。「仏智疑惑の心によって諸々の功徳を修めて、彼の国に生まれようと願う者は、仏の五智を疑う第十九願・修諸功徳の願の者たちです。また、罪福を信じる心で念仏を称え、それを回向して彼の国に生まれようと願う者は、第二十願・植諸徳本の願の者たちです。この二つの仏智疑惑の者は、胎生の宮殿に生まれて五百年の間、仏を見奉ることも、仏の教法を聞くことも、菩薩・声聞等の聖衆を見ることもできないのです。このように三宝に恭敬しないから、かの国ではこれを胎生と言うのです。

しかし、もし衆生が、第十八願・至心信楽の願によって仏智を疑わず、他力の信心でかの国に生まれようと願うなら、願力自然によって安養国の七宝の蓮華台に生まれるのです。その時すぐに仏の三十二相八十随形好を備えて、光明や智慧や功徳のすべてが、彼の国の菩薩と同じになります。これを蓮華化生と言います」。

このように胎生の理由が、第十九願・修諸功徳の願と第二十願・植諸徳本の願に表される自力にあると説かれます。それに対して浄土への蓮華化生は、第十八願・至心信楽の願の他力の信心によると説かれます。ここに四十八願の中で「十方衆生」と呼びかける機の三願を挙げて、胎生の理由が自力の仏智疑惑にあると、釈尊の方から教えられるのです。

②第二十願・植諸徳本の願成就文

智慧段は、『大経』の釈尊の最後の説法になります。三毒五悪段の念仏生活をとおして、改めて課題になるのが、第二十願・植諸徳本の願に説かれる無明煩悩の深さでした。それを受けてここは、自力の仏智疑惑に焦点が当てられるのです。

親鸞聖人は、阿難が胎生の様子を述べる文から、乃至しながら長く引文して、第二十願・植諸徳本の願の成就文と読みます。ここに、『大経』では最後の本願成就文が掲げられることになります。『浄土三経往生文類』ではその成就文が、次のように結ばれます。

> 仏、弥勒に告げたまわく、このもろもろの衆生、またかくのごとし、仏智を疑惑するをもってのゆえに、かの胎宮に生ぜず、乃至　もしこの衆生、その本の罪を識りて、深く自ら悔責して、かの処を離れんと求めよ、乃至　弥勒当に知るべし、それ菩薩あって、疑惑を生ずれば、大利を失うとす
>
> （真宗聖典　四七四～四七五頁書き下し）

この文は次のような意味です。「釈尊は、弥勒に告げられました。この胎生の衆生

は仏智を疑惑する罪によって、かの胎宮に生まれるのです。（中略）もしこの衆生でも、その苦しみの本は仏智疑惑の罪であったと識って、深く悔い改めて、かの胎宮を離れたいと求めるであろう、（中略）弥勒よ、これで分かるでしょう。もしも菩薩が仏智疑惑を生ずれば、大涅槃の覚りを失うのです」。このように『大経』の最後に、第二十願・植諸徳本（至心発願）の願成就文が説かれて、釈尊が「本罪を深く懺悔せよ」と教誡します。この教えをいただいて、それに応えたものが、親鸞聖人の化身土巻の三願転入の表明です。

③三願転入

弥勒菩薩が「なぜ胎生に生まれるのですか」と理由を尋ねると、釈尊は第十九願、第二十願、第十八願と並べて、その理由は第十九願・第二十願の仏智疑惑の罪にあります。その罪を深く懺悔して、第十八願によって蓮華化生せよと教誡していました。この三願だけは四十八願の中でも、特に「十方衆生」と呼んで直接衆生と関係する願ですから、機の三願と呼ばれます。この三願には、自力から他力の本願力に衆生を目覚めさせようとする如来の大悲が、湛えられているのです。

この教えを受けた親鸞聖人は、方便化身土巻で、まず第十九願と第二十願の仏智疑惑の罪を深く懺悔します。その後、三願転入として、釈尊の教誡に全身全霊を挙げて応えるのです。少し長いのですが、この懺悔と三願転入とは、『教行信証』で重要な文ですので挙げておきます。

> 悲しきかな、垢障の凡愚、無際より已来、助・正間雑し、定散心雑するがゆえに、出離その期なし。自ら流転輪回を度るに、微塵劫を超過すれども、仏願力に帰しがたく、大信海に入りがたし。良に傷嗟すべし、深く悲歎すべし。おおよそ大小聖人・一切善人、本願の嘉号をもって己が善根とするがゆえに、信を生ずることあたわず、仏智を了らず。かの因を建立せることを了知することあたわざるがゆえに、報土に入ることなきなり。
>
> （真宗聖典 三五六頁）

前半は「定散心雑するがゆえに、出離その期なし」と述べられますから、第十九願の自力の悲歎です。後半は「本願の嘉号をもって己が善根とするがゆえに、信を生ずることあたわず」と述べられますから、第二十願・植諸徳本の願に説かれる自己執着の懺悔が表明されています。この懺悔は反省よりも深く、人間存在の丸ごとが、第十八願の信心の智慧に照らされて起こるものです。自力の底知れない深さが、白日の下に晒されています。しかし白日の懺悔は、闇夜の人間的な悲しみとは違って、悲しみのままで真実信心の仏天を仰ぎ、摂取の智慧の光に包まれた喜びでもあるのです。この懺悔と讃嘆を内容として、三願転入の信仰告白が始まります。

　ここをもって、愚禿釈の鸞、論主の解義を仰ぎ、宗師の勧化に依って、久しく万行・諸善の仮門を出でて、永く双樹林下の往生を離る、善本・徳本の真門に回入して、ひとえに難思往生の心を発しき。しかるにいま特に方便の真門を出でて、選択の願海に転入せり、速やかに難思往生の心を離れて、難思議往生を遂げんと欲う。果遂の誓い、良に由あるかな。ここに久しく願海に入りて、深く仏恩を知れり。至徳を報謝せんがために、真宗の簡要を摭うて、恒常に不可思議の徳海を称念す。いよいよこれを喜愛し、特にこれを頂戴するなり。

（真宗聖典　三五六～三五七頁）

意味は次のようです。「愚禿釈の鸞は、世親の『浄土論』を仰ぎ七祖の勧めによって、第十八の本願に遇い、諸善を修めて双樹林の下で命終わって往生する第十九願の方便を出て、第二十願の機に回心し、念仏を回向して浄土に往生する難思往生の心を発しました。しかし今、方便の第二十願の往生を出て、本願の大宝海に包まれています。ですから速やかに難思往生を離れて、第十八願の難思議往生を遂げたいと欲うのです。凡夫のままで救い遂げるという果遂の誓いにこそ、如来の大悲が込められています。本願の大宝海に包まれて、ここに如来のご恩を知りました。念仏の功徳に報い感謝するために、浄土真宗の大切な教えをひろい、永遠に本願海を憶って称名念仏します。いよいよこの本願の教えを喜び、頂戴するばかりです」。

ここでは、まず第十九願の双樹林下往生を離れて、第二十願の難思往生へ回入すると表明されます。この回入は、親鸞聖人が「『凡聖逆謗斉回入」というは、小聖・凡夫・五逆・謗法・無戒・闡提みな回心して」（真宗聖典 五三二頁）と述べるように、回心を表します。回心して本願海に包まれても、宿業の身は消えませんから、第二十願の機になると表明されるのです。

身はどこまでも第二十願の機ですから、第十八願の往生に転入するところでは、「難思議往生を遂げんと欲う」と、意欲とか願いとして表明されています。このように親鸞聖人は『大経』の智慧段に説かれる釈尊の教えのとおりに、第十九願の往生↓第二十願の往生↓第十八願の往生と順を追って表明します。

ところが、曽我量深先生はこの三願転入を、「まず第十九願から第十八願に回心するのである。第二十願の問題は回心以降の念仏生活の課題である。その第二十願の問題は、第十八願と合わせ鏡になっている」と、立体的な構造で了解しています。この前に置かれていた親鸞聖人の懺悔でも分かるように、第十九願と第二十願の自力の深い懺悔は、どちらも第十八願の信心の智慧によるのですから、まず第十八願と第十九願の関係、さらには第十八願と第二十願の関係と、第十八願は二つの願に関わっています。この三願転入の表明は、智慧段の教えのとおりに並んでいて、いかにも平面的に見えますが、立体的な構造であると言うのです。

この曽我先生の三願転入の了解は、『大経』の深い読み込みによると思われます。『大経』下巻では、最初に第十八願・至心信楽の願成就文と第十九願・修諸功徳の願成就文（三輩章）とが隣り合わせに説かれていました。ここに「雑行を棄てて、本願に帰す」という、自力から他力への翻りがあります。それが第十九願から第十八願への回心です。

ところが第二十願の成就文は、下巻の最後の智慧段に説かれていました。最初に説かれた第十八願成就文の智慧が、最後の智慧段にまで貫通しているのです。

第二十願で問題にされる自力の課題は、人間の意識よりも深くて、意識にのぼらないものを人間が問題にすることはできません。念仏生活の底なしの自力の執心を見破る智慧は、第十八願成就の信心の智慧だけです。仏智によって群萌に引き戻し、そのままで救い遂げずにはおかないと誓うのが、第二十願・果遂の誓いです。第十八願の真実の智慧で煩悩を照破し、本願海を手放しで仰ぐ者にして、そのままで救い遂げるところに果遂の誓いの重要な意義があります。第十九願と第十八願との回心（『大経』

下巻の最初）と、第十八願と第二十願の難思議往生（『大経』下巻の最後）。つまり回心に始まる念仏生活の全体を包んで、三願転入の表明があると読んだのです。そのような立体的な構造を、曽我先生は先に挙げた言葉で表現したのだと思われます。

この身は命終わるまで第二十願の機ですから、第十八願の往生は「難思議往生を遂げんと欲う」と、どこまでも願生者の意欲とか願いとして表明されるのです。たとえ回心しても、煩悩の身のままで仏道に立たされた者（不断煩悩得涅槃）にとって、難思議往生という念仏生活の中で、最後まで残る問題が自力の執心です。念仏生活をとおしてそれを教え続けて、それを丸ごと第十八願の真実の世界に包み込むところに、如来大悲の果遂の誓いが説かれている理由があるのです。下巻の最後に仏智が開顕されて、この果遂の誓いが説かれるからこそ、群萌の救いを説く『大経』の教えが、完結されていくのだと思います。

④真仏弟子

明恵のように観念の仏教なら行と信は分けてしか考えられませんが、真宗においては行信不離です。本願の名号に帰すとは、身の懺悔から始まるので行、信という次第で、それが「念仏もうさんとおもいたつこころ」と、一つとして表されます。ですから『教行信証』の行巻と信巻とは、行・信として重層的に重なっています。行巻の後半の中心課題は、何と言っても「誓願一仏乗」です。信巻の後半の中心課題は、標挙で「正定聚の機」と表されますから、真仏弟子釈です。その二つが重なるのですから、親鸞聖人は、誓願一仏乗という如来の一如の世界を生きる者、それを真の仏弟子と表現していることになります。

『大経』の信心の核心を、浄土教的に表現すれば先に尋ねた三願転入です。それが第二十願と重なって「難思議往生を遂げんと欲う」と、第十八願の往生へ収斂（しゅうれん）して説かれていました。この浄土教の往生の概念で一貫するならば、行巻は「誓願一仏乗」ではなくて、法の三願に対応する浄土荘厳、つまり清浄功徳、量功徳、性功徳で表せば事足ります。信巻は正定聚の機を、第十八願の難思議往生という視点で詳説すれば、充分だったのではないでしょうか。

ところが親鸞聖人は、和讃でも

果遂の願によりてこそ
釈迦は善本徳本を
弥陀経にあらわして
一乗の機をすすめける
（真宗聖典　四八四頁）

と、果遂の誓いは一切衆生を誓願一仏乗の機へと誘う、方便なのだと詠います。「一仏乗」とは『法華経』をはじめとする聖道門の究極目標ですから、『教行信証』によって浄土の仏道を大乗仏教の概念に戻して表現しようとする、親鸞聖人の意図がよく分かると思います。

それを踏まえて、真仏弟子釈を見てみましょう。そこには次のように記されます。

「真仏弟子」と言うは、「真」の言は偽に対し、仮に対するなり。「弟子」とは釈迦・諸仏の弟子なり、金剛心の行人なり。この信・行に由って、必ず大涅槃を超証すべきがゆえに、「真仏弟子」と曰う。

（真宗聖典 二四五頁）

ここには、浄土教を表す言葉を一切見ることができません。「真仏弟子」も、「金剛心の行人」と「必可超証大涅槃」という大乗仏教の用語で定義して、仏道を大般涅槃道として表そうとしています。しかし親鸞聖人は、法然から念仏往生の仏道を継承し、それを三往生の転入として表しているわけですから、その往生浄土と大般涅槃道とはどのような関係になっているのでしょうか。以下、少しその意味を尋ねてみましょう。

最初の「真仏弟子」というのは、善導の『観経疏』「散善義」に、

「仏教に随順し、仏意に随順す」と名づく。これを「仏願に随順す」と名づく。これを「真の仏弟子」と名づく。

（真宗聖典 二一六頁）

とあることから、この文によって親鸞聖人は、「弟子」とは釈迦諸仏の弟子であると

言うのです。「仏教に随順し、仏意に随順す」が釈迦諸仏の教えに従うことですし、それは根源仏の阿弥陀如来の「仏願に随順す」ることでもありますから、釈迦諸仏の教えによって如来の本願を生きる者、それを「金剛心の行人」と言うのです。

「真」に対する偽とは、化身土巻末巻が「修多羅に拠って真偽を勘決して、外教邪偽の異執を教誡せば」（真宗聖典　三六八頁）と始まりますから、そこで問題にされる「六十二見、九十五種の邪道」（真宗聖典　二五一頁）、つまり外道（仏教以外の思想や教え）のことです。親鸞聖人はそれを「正像末和讃」で、次のように詠います。

外道梵士尼乾志に
　こころはかわらぬものとして
如来の法衣をつねにきて
一切鬼神をあがむめり

かなしきかなやこのごろの

和国の道俗みなともに
仏教の威儀をもととして
天地の鬼神を尊敬す

（真宗聖典　五〇九頁）

内心は外道であっても、如来の法衣を身につけて仏弟子として生きる者を、偽の仏弟子と言うのでしょう。

それに対して仮の仏弟子とは、化身土巻で問題にされていたように、自力の聖道門、さらには浄土門内の定散の自力に立つ仏弟子を言うのです。

次の金剛心は、「三心一心問答」を受けた二河白道の御自釈の中に説かれています。

「能生清浄願心」と言うは、金剛の真心を獲得するなり。本願力回向の大信心海なるがゆえに、破壊すべからず。これを「金剛のごとし」と喩うるなり。

（真宗聖典　二三五頁）

善導の二河白道の譬喩では「能生清浄願往生心」であったものを、親鸞聖人は、「三心一心問答」を踏まえて「能生清浄願心」に変え、金剛心とは、本願力回向の大信心海に解放された心と説いています。

この金剛心について、善導の「散善義」の言葉を見てみましょう。信巻の引文には読み替えがありますが、親鸞聖人のお心がよく分かると思いますので、そこを見ます。

> また回向発願して生ずる者は、必ず決定して真実心の中に回向したまえる願を須いて得生の想を作せ。この心深信せること、金剛のごとくなるに由りて、一切の異見・異学・別解・別行の人等のために、動乱破壊せられず。
>
> （真宗聖典 二一八頁）

金剛心は本願力回向の信心だから、「一切の異見・異学・別解・別行の人等のために、動乱破壊せられず」と言われます。それは世間の価値観や学問、聖道門の仏道了解や実践に惑わされず、決して壊れないことです。

ここに、真の仏弟子の現実的な意味が、実に具体的に押さえられています。一言で言えば「無碍道」ですから、「金剛心の行人」とは『歎異抄』第七章の「念仏者は、無碍の一道なり」（真宗聖典 六二九頁）を、具体的な内容として生きる者のことになります。

この無碍道について、曇鸞が『論註』に『華厳経』を引いて詳説している箇所を、親鸞聖人が引用していますので、そこを見てみましょう。

> 「道」は無碍道なり。『経』（華厳経）に言わく、「十方無碍人、一道より生死を出でたまえり。」「一道」は一無碍道なり。「無碍」は、いわく、生死すなわちこれ涅槃なりと知るなり。かくのごとき等の入不二の法門は無碍の相なり。
>
> （真宗聖典 一九四頁）

この文章で分かるように、無碍道を根源的に成り立たせるのは、「生死即涅槃」を知ることです。

この智慧は、聖道門では修行を重ね覚りによって生まれるのですから、例えば六波羅蜜と言われる行では、布施、持戒（じかい）、忍辱（にんにく）、精進、禅定（ぜんじょう）、智慧の最後の智慧で獲得されるものです。ところが浄土教では、覚りを悟ることなどできませんから、本願に教えられるほかにはありません。実は、それが先の三願転入で親鸞聖人が表明していた内容になるのではないでしょうか。

第二十願・植諸徳本の願の機は、如来の救いまで自分で決めようとすることでした。しかし救主は如来ですから、それは救いまで自分の手で盗もうとする、衆生と如来との分際の混乱です。その分際を、本願の教えによって徹底的に明確にして、第十八願成就の如来の一如の世界に解放することが、『大経』の智慧段の眼目です。その仔細を親鸞聖人は、三願転入として表明するのですが、この群萌の救いを実現する如来大悲の方便に「果遂の誓い、良（まこと）に由（ゆえ）あるかな」と感佩（かんぱい）して、三願転入を閉じるのでした。

この第十八願と第二十願との深い呼応関係を見出したところに、宗祖の択法眼があります。それは『法事讃』の文を手掛かりにして、第二十願と第十八願とが重なると読むのですが、実はこの重なりに、第二十願の機の「生死」と第十八願の法の「涅槃界」とが、「生死即涅槃」を実現しているのです。

すでに尋ねたように、現生正定聚が宗祖の立脚地でした。それは他力の信心に、浄土に生まれてからの位である正定聚を、先取りすることでした。そのように現生正定聚とは、煩悩の身のままで浄土が開かれた位ですから、そこでも「生死即涅槃」が実現しています。そこを基点にして、浄土教を大般涅槃道に転換したのです。

三願転入では、それを往生という仏道として捉え直すわけですから、第二十願の難思往生と第十八願の難思議往生とが重なるところに、「生死即涅槃」が実現しているのです。しかしそれは聖道門のように覚りを悟った智慧ではなく、現生正定聚にしても三願転入にしても如来大悲の本願の道理によって、他力の信心に実現する「生死即涅槃」です。

ですから親鸞聖人は、群萌を事実として救う信心によると表現して、聖道門の観念的な教理とは全く異質であることを強調します。それを「正信偈」で、「惑染(わくぜん)の凡夫、信心発すれば、生死即涅槃なりと証知せしむ」（真宗聖典 二〇六頁）と詠い、また「よく一念喜愛の心を発すれば、煩悩を断ぜずして涅槃を得るなり」（真宗聖典 二〇四頁）と、詠うのです。それをもう少し具体的に言えば、衆生の煩悩と法蔵菩薩の本願とは、相即しているということではないでしょうか。煩悩と断絶しながら、しかもその本源には、法蔵菩薩の本願がはたらいているのでしょう。

韋提希や阿闍世や提婆達多は浄土教興起の立役者ですが、それらは全員、頻婆沙羅王を亡き者にするという事件に関わっています。これは許されることではありませんが、ちょうど富士山の頂上が雲から顔を出すように、衆生の煩悩が、この世に突き出し五悪の事実となったのです。その煩悩の底に、止むに止まれない法蔵菩薩の本願が動いていると見抜いたのが、釈尊です。なぜなら衆生の煩悩の生活を説く三毒五悪段と、それを救わんとする法蔵菩薩の勝行段とは重なって説かれていたからです。阿闍世の慚愧の心を手掛かりにしながら、如来の本願にまで導いて「すなわちこれ我が心、無根の信なり」（真宗聖典 二六五頁）と、阿闍世に叫ばせるのが『涅槃経』です。

また『観経』は、王舎城の悲劇の中で「世尊、我、宿何の罪ありてか、この悪子を生ずる」（真宗聖典　九二頁）と丸裸の凡夫になって号泣する韋提希を、「憂悩なき処」を求める心に導き、さらに「清浄の業処」を求める心にまで導いて、それに応えて阿弥陀如来の浄土を説くことになるのです。それは釈尊が、凡夫としての韋提希の苦悩の底に、息子の阿闍世も夫である頻婆沙羅王も私もみな共に在りたいという如来の本願が動いていることを見抜いて、阿弥陀の浄土を説いたのではないでしょうか。

もちろん凡夫に、そんなことが分かるはずはありません。事件の渦中では相手を怨み、その心が殺人にまで駆り立てるのです。しかしその暴風のような煩悩と一如になって、一つのいのちを生きたいという如来の本願を見抜いていたのが、釈尊です。その意味で、衆生の煩悩が、直接如来の世界と繋がっているわけではありません。三願転入で分際の絶対の断絶を潜った者には、断絶のまま相即するのです。それを親鸞聖人は、「高僧和讃」で次のように詠っています。

無碍光の利益より
威徳広大の信をえて

かならず煩悩のこおりとけ
すなわち菩提のみずとなる
罪障功徳の体となる
こおりとみずのごとくにて
こおりおおきにみずおおし
さわりおおきに徳おおし
（真宗聖典　四九三頁）

これまで邪魔になっていた煩悩の罪障性こそが、如来の功徳の体になると詠われます。煩悩の身がなくなるわけではありませんが、その身がかえって仏法を聞くものに転じられるのです。それは煩悩があればこそ、釈尊の教誡をとおして、その本源にはたらいて止まない法蔵菩薩の本願の声をかえって聞き取れると、その意味をまったく転じてしまうのです。

衆生の煩悩は、生涯消えることはありません。しかし煩悩の起こる一念一念に本願の声を聞き取って、娑婆が一如の涅槃界に包まれている事実に帰るのです。衆生の命終わるまで続く煩悩道が、どこも変えることなく、大般涅槃道に意味を転じるのです。それを親鸞聖人は、真仏弟子の結釈で

念仏衆生は、横超の金剛心を窮むるがゆえに、臨終一念の夕、大般涅槃を超証す。

（真宗聖典 二五〇頁）

と言い、それを真仏弟子釈では「必可超証大涅槃」という、真の仏弟子のもう一つの定義で押さえているのです。

このように煩悩の起こるたびに、本願を聞思する歩みが深まっていくのですから、どこへも退転することなく、凡夫道がどこも変えないで仏道になる。それを金剛心の行人が歩む無碍の一道と言うのだと思います。

12　無我の書『教行信証』

①『大経』下巻のまとめ

これまで『大経』下巻によって、衆生に実現してくる仏道について尋ねてきました。ここでそれをまとめておきましょう。

まず下巻の冒頭には、第十一願・必至滅度の願成就文（証）、第十七願・諸仏称名の願成就文（行）、第十八願・至心信楽の願成就文（信）が説かれて、この第十八願成就文と背中合わせに三輩章の第十九願・修諸功徳の願成就文（方便）が説かれていました。

ここは「十方衆生」が主語ですから、第十九願の自力から第十八願の他力への翻り、つまり回心が説かれています。さらに『浄土三経往生文類』で親鸞聖人が、「念仏往生の願因によりて、必至滅度の願果をうるなり」と言うように、他力の信心を因として滅度（大涅槃）の願果を得ると説くのですから、これまでの聖道門の了解とは違って、衆生往生の因果が『大経』下巻の冒頭で完成しているのです。

これが説き終わると「東方偈」以降は、浄土から穢土に還って教化する菩薩について説かれます。ここでは「他方の仏土のもろもろの菩薩衆」を主語として、第二十二願・還相回向の願成就文（真宗聖典 五一頁）が説かれていました。

前段の、『大経』（教）の往相回向に実現する教・行・信・証に対して、「東方偈」以降は、主語を変えて還相回向が説かれ、釈尊をはじめとする善知識の教化が示唆されています。親鸞聖人が如来の回向を二種類に開くのは『浄土論註』の影響が大きいのですが、それだけではなく元々『大経』が、往相回向と還相回向の二つを分けて説いていることにその根拠があるのです。

さて、その後の三毒五悪段からは、還相する善知識の教化に促されながら、貪、瞋、痴の煩悩を超えようとする念仏往生の生活が始まります。この難思議往生に人間が人間以上の仏に成るという、仏道としての大切な意味があります。

この宗教生活で最後に残る衆生の問題は、人間には分からないほど深い無明煩悩

（愚痴）でした。ですから最後の智慧段で、それを仏の方の智慧で照らし出し、衆生に懺悔を促して、一切衆生の救いを果たし遂げずにはおかないと、第二十願・植諸徳本の願成就文（真宗聖典　八一頁）が説かれています。ここに身は煩悩のままですが、第十八の本願力に包まれて「臨終一念の夕（ゆうべ）、大般涅槃を超証す」という、『大経』の群萌の仏道が完成するのです。

②因果の道理

このように『大経』下巻には衆生に実現する仏道が、第十一願（証巻）、第十七願（行巻）、第十八願（信巻）、第十九願（方便化身土巻）、さらに第二十二願（証巻中の還相回向）、と第二十願（方便化身土巻）の成就文が説かれます。それに対して親鸞聖人が取り挙げる第十二願・光明無量の願、第十三願・寿命無量の願成就文（真仏土巻）は、法の成就が説かれる上巻の方（真宗聖典　三〇～三二頁）にあります。下巻は衆生に実現する仏道の成就、上巻は名号が実現している法の成就、そこに法と機が相応する名号による群萌の救済が実現されるのです。

このようにして親鸞聖人は、『大経』の四十八願の中から、真実の願として第十一願、第十二願、第十三願、第十七願、第十八願、第二十二の六願と、方便の願として第十九願、第二十願の二願、それを真仮八願と呼びますが、これだけの願しか取り挙げないのです。この他には、信巻の真仏弟子釈のところで第三十三願・触光柔軟の願と第三十四願・聞名得忍の願の二願を引文しますが（真宗聖典二四五頁）、これらは第十二願・光明無量の願の成就文ですから、真仮八願の中に収まります。

いずれにしても成就文とは、親鸞聖人の体験に即して言えば、法然上人と出遇って念仏（光明無量・寿命無量のはたらき）に救われた体験ですから、親鸞聖人の身が感得している事柄です。四十八の因願の意味は、凡夫には分かりません。すべて分かっているのは、釈尊のみです。ところが、成就文は救われた身が感得している事柄ですから、教えをよく聞けば凡夫でも分かるのです。ですから親鸞聖人は、この成就文に立って八つの因願を選び『教行信証』の標挙として掲げるのです（ただし第二十二願は標挙ではなくて証巻の本文中にあります）。この本願の成就に立って因願を選ぶという『教行信証』の方法論に、考えた仏教ではない、親鸞聖人の実践の仏道が輝いています。

さらに言えば、『教行信証』の全体は如来の本願によって成り立っています。本願とは、大涅槃の覚りから大悲に促されて出て来た法蔵菩薩が、一切衆生を救うために建てた願です。大涅槃の覚りの果から出て、因の願が建てられますから、法蔵菩薩を従果向因の菩薩と呼ぶのです。この如来の因果の道理について、親鸞聖人に決定的な影響を与えた曇鸞の文章を、ここで挙げておきましょう。

> 言うところの不虚作住持は、本法蔵菩薩の四十八願と、今日の阿弥陀如来の自在神力とに依ってなり。願もって力を成ず、力もって願に就く。願徒然ならず、力虚設ならず。力・願あい府うて畢竟じて差わず。かるがゆえに成就と曰う、と。
>
> （真宗聖典　三一六頁）

意味は次のようです。「ここで言う不虚作住持（必ず仏に成る）とは、本の法蔵菩薩の因の願と、今この身に実現している阿弥陀如来の覚りのはたらきに依るのです。願力によって仏力を実現し、仏力は願力を背景にしています。願は徒に建てられたものではなく、仏力は虚しくありません。果の仏力と因の願力とがお互いにはたらき合うことを、本願の成就というのです」。

曇鸞が言うように、大涅槃の覚りに包まれるのは、本願力によるのです。因の本願が成就した信心の身を、果の大涅槃のはたらきである一如の功徳宝海が包むのです。ただし身は凡夫ですから、命終わるまで煩悩と闘いながら大涅槃に向かって歩む、難思議往生という仏道に立たされるのです。

③『教行信証』の特質

なぜ凡夫に大涅槃の覚りが開かれて、涅槃に向かう仏道が実現するのか。その如来の因果の道理を、本願力回向として公開した書が『教行信証』です。救われた身にはたらく如来の願力と仏力を虚心に公開したのですから、そこには私心はありません。ですから『教行信証』は親鸞聖人の単なる思想ではありません。『大経』に帰って書かれた無私の書であり、無我の書です。その意味で、『教行信証』は世間のどんな思想にも汚されることなく、永遠に残っていくでしょう。そこに超世を実現している、この書の特質があるのです。

これまで皆さんと一緒に尋ねてきましたように、親鸞聖人の『教行信証』は、各巻が阿弥陀如来の本願によって成り立っています。如来の本願は、阿弥陀如来の覚りである法身（大涅槃）から、法蔵菩薩が智慧と慈悲に促されて立ち上がり、大涅槃の覚りを一切衆生に得させようとして建てられた願いです。果の大涅槃の覚りが因の本願になったのですから、因の本願に帰依すれば、本願力によって果の覚りは必ず実現されるのです。

そのように『教行信証』は、如来の因の本願と果の覚りに満たされているのですから、我われの分別を弾き飛ばすような力をもっています。『教行信証』が難解な理由は、そこにあります。しかし逆に、分別によって苦しんでいる我われからすれば、それが破られて、いのちに根ざした存在そのものの満足は、本願力によるしかないことを教えているのです。

この『教行信証』のように『大経』に説かれる覚りと相応している書を、経に対して論と言います。論はインドの龍樹や世親のような菩薩しか書いていないのですが、『教行信証』は末法の五濁悪世の凡夫によって初めて書かれた『大経』の論であるという大切な意味を湛えているのです。最終章ではそのことを尋ねたいと思います。

最終章　『大経』の論『教行信証』

1　論とは何か

さて、釈尊が説かれたものを「経」と言います。その経典を身にいただいて、経の覚りを直接表現した書を「論」と言います。その経と論の註釈書を、「釈」と言います。論はインドの龍樹・世親が書いたものですし、釈は曇鸞以降の中国や日本の祖師が書いたものです。その順番で見れば『教行信証』は、末世の仏弟子の釈と言うべきでしょう。ところが『教行信証』は、どう見ても『大経』の註釈書ではありません。全体が因の本願で成り立っていて、『大経』の覚りである大涅槃の果に相応していますから、『大経』の覚りを著わす論と考えられるのです。

『大経』は対告衆が二つありますが、『大経』の論を、菩薩のグループの代表として書いたのが世親の『浄土論』です。それに対して、初めて凡夫の代表として書いた論が、親鸞聖人の『教行信証』です。

『教行信証』は、経、論、釈の文類ですが、それらを引文するに当たって、親鸞聖人はルールを設けています。経典の引用には「言」を、使います。そして論には「曰」を、釈には「云」を使います。ただし、一つだけ例外があります。曇鸞の『論註』は、世親の『浄土論』の註釈書ですから本来は釈ですが、これだけは論扱いにして「曰」を使います。

さて論の特徴は、偈頌（げじゅ）です。龍樹の「易行品」も弥陀章の偈頌を中心に、歌で満たされています。世親の『浄土論』も、「願生偈」が大半を占めています。人間の分別や理性を超えているのが釈尊の覚りですから、それを表すには、歌として表現する以外に方法がなかったのでしょう。

『教行信証』も『大経』の論ですから、「正信偈」の偈頌が中心になります。その位置は、『大経』の伝承を表す教巻・行巻と、親鸞聖人の己証（こしょう）を表す巻信巻以降との間に置かれています。その直前にある偈前の文と呼ばれるところを見てみましょう。

ここをもって知恩報徳（ちおんほうとく）のために宗師（曇鸞）の釈を披（ひら）きたるに言わく、

（真宗聖典　二〇三頁）

と始まります。「これまで教の巻、行の巻によって『大経』の伝統を述べてきました。ここでその如来のご恩に報いるために、「正信偈」を詠いたいと思いますが、その前に知恩報徳の意味を『論註』の文によって確かめておきましょう」という意味です。

親鸞聖人のこの文をよく注意して見ますと、曇鸞の『論註』の文を抜くと言いながら、「言わく」という字を使っています。これは経典を指す言葉ですから、これから引文する『論註』の文章は、『大経』として聞くべきであると、言っていることになります。特に「知恩報徳」の解説ですから、『論註』の文を借りて、『大経』の核心は「知恩報徳」にあると言っていることになります。実際にその文を見てみましょう。

それ菩薩は仏に帰す。孝子の父母に帰し、忠臣の君后に帰して、動静己にあらず、出没必ず由あるがごとし。恩を知りて徳を報ず、理宜しくまず啓すべし。また所願軽からず、もし如来、威神を加したまわずは将に何をもってか達せんと

する。神力を乞加す、このゆえに仰いで告ぐ、と。（同前）

意味は次のようです。「菩薩は仏に帰依します。それはちょうど、孝行な子が父母に仕え、忠良な家臣が朝廷に仕えるように、立ち居振る舞いに私心がありません。菩薩の教化も、それには根拠があるのです。如来の恩を知ってその徳に報いるから、道理としてまず初めに、「世尊よ」と詠うのです。また「願生偈」の願いは、軽くありません。もし阿弥陀如来が本願力を加えてくださらなかったら、詠うことはできなかったでしょう。だからこそ本願力を乞いながら、「世尊よ」と仰いで告げるのです」。

この『論註』の文は、元々は「願生偈」の冒頭にある「世尊我一心」の「世尊」の註釈です。「願生偈」がこの「世尊我一心」から始まるのは、世親が仏に帰依しているからです。その菩薩の教化として「願生偈」が詠われますが、それは世親の私意によるのではなく、釈尊の説く『大経』によった知恩報徳の歌であることが確かめられます。さらにその意味が阿弥陀如来の本願にまで深められて、「願生偈」は世親の歌であっても、本願の歌であることが尋ねられています。だからこそ道理として最初に

「世尊我一心」と、釈尊と阿弥陀如来との二尊への帰依が表明されていると言うのです。

この『論註』の文に続けて、

しかれば大聖の真言に帰し、大祖の解釈に閲して、仏恩の深遠なるを信知して、正信念仏偈を作りて曰わく、（同前）

と、述べられて「正信偈」が始まるのです。この文は知恩報徳の教えを受けて、次のように言っています。「ですから私、親鸞は、『大経』を説いてくださった大聖釈尊の真理の一言である本願の名号に基づき、七祖の了解によって、如来のご恩が遥かに深いことを信知して「正信念仏偈」を詠い、次のように曰うのです」。ここも「正信念仏偈を作りて曰わく」と、ご自分の歌であっても、龍樹・世親の論に相当する「曰」が使われています。「正信偈」は、龍樹の「易行品」弥陀章の歌や世親の「願生偈」の菩薩の歌に匹敵する歌であると、親鸞聖人ご自身が言っているのです。

2　知恩報徳

さて偈前の文は大切ですので、ここでそれをまとめておきましょう。まず「言」を使って『論註』の文を借りながら、『大経』の経意を「知恩報徳」と確かめていました。それが菩薩を表す文で確かめられていましたから、一般の大乗仏教では仏に成る道を菩薩道と言うのですが、群萌を救う『大経』では知恩報徳（難思議往生）と言うのです。要するに本願の名号が凡夫の身に実現した時には、知恩報徳という志願を生きる者になる（真の仏弟子）、それが『大経』の核心なのです。

凡夫が仏に成る道は、貪、瞋、痴の煩悩を本願力によって超えて、人間が人間以上の仏に成る難思議往生でした。それは『大経』を説いた大聖釈尊と、阿弥陀如来の本願力の、二尊の恩徳に報いる道です。『論註』のこの文によって、「知恩報徳」が大経往生の核心を言い当てた言葉であると、親鸞聖人はいただいたのです。

さらにご自身の「正信偈」に、「曰」という字を使っていました。身は煩悩の身であっても、世親と同じ本願の歌だから、私心はまったくない。龍樹・世親の論と同質なのだと、言っているのです。本来、論は経典の覚りを獲得した菩薩が著すものです。しかし『大経』は、末世の凡夫を本願力によって救う経典ですから、その本願の歌は「願生偈」に匹敵すると言うのです。

菩薩の論は、歌とその解説である解義分（げぎぶん）によって成り立っています。それと同じように、『教行信証』も「正信偈」を中心にして、その解説部分で成り立っています。その全体が『大経』の論書であると言うのです。末世の仏弟子で身は凡夫であっても、本願によって成り立っている『教行信証』は、菩薩の論と同じだと宣言しています。この親鸞聖人の阿弥陀如来の本願力に対する自信が、我われに大きな励ましを与えてくださるのではないでしょうか。

3　「正信偈」が開く二つの問答

それでは、『教行信証』の中心を成す「正信偈」について尋ねていきましょう。「正信偈」は、六十行百二十句の『大経』の讃歌です。特に「本願の名号は正定の業なり。至心信楽の願を因とす」から「すなわち横に五悪趣を超截す」までは、『尊号真像銘文』（真宗聖典 五三〇頁）で親鸞聖人が丁寧に註釈していますので、「正信偈」の中でも『大経』の本願成就文を中心とする最も大切な部分になります。

従来、「正信偈」は大きく二つに分けられます。最初から「弥陀仏の本願念仏は、邪見憍慢の悪衆生、信楽受持すること、はなはだもって難し。難の中の難、これに過ぎたるはなし」（真宗聖典 二〇五頁）までの前半は、『大経』の教えによって真宗を讃嘆している、「依経分」と呼ばれるところです。

次の句の「印度・西天の論家、中夏・日域の高僧、大聖興世の正意を顕し、如来の本誓、機に応ぜることを明かす」から最後までは、『大経』の本願を伝えた七祖の伝統を讃嘆している、「依釈分」と呼ばれるところです。

この「正信偈」とほぼ同じ内容である「念仏正信偈」（文類偈）が、『浄土文類聚鈔』に収録されています。この書物は『教行信証』を骸骨だけにして、法然の称名念仏一つへと集約するようにまとめ直した、『教行信証』のダイジェスト版です。その『浄土文類聚鈔』では、この「念仏正信偈」の後、何の説明もなく、いきなり「三心一心問答（三一問答）」と「三経一異の問答」の、二つの問答が置かれています。

これは、「正信偈」の内容が、この二つの問答に帰結することを示しているのでしょう。つまり「正信偈」は、この二つの問答へ開かれて、それが『教行信証』の教・行・信・証・真仏土・化身土の解説部分に展開しているのです。

大乗仏教の書物では、著者が問答を設けている部分は特に大切なところです。『教行信証』で親鸞聖人が問答しているところは、信巻の「三心一心問答」と方便化身土巻の「三経一異の問答」の二箇所だけですから、「正信偈」とこの二つの問答が『教行信証』の核心になるのだと思われます。以下、この二つの問答の概略を尋ねてみたいと思います。

4　三心一心問答

信巻の「三一問答」では、まず字訓釈で、阿弥陀如来の第十八願は「至心に信楽して我が国に生まれんと欲え」と「至心・信楽・欲生」の三心で衆生を招喚しているのに、世親は「世尊我一心」と、なぜ一心で応えたのかを問うています。

その問いに

> 答う。愚鈍の衆生、解了易からしめんがために、弥陀如来、三心を発したまうといえども、涅槃の真因はただ信心をもってす。このゆえに論主、三を合して一と為るか。
> （真宗聖典　二二三頁）

意味は次のようです。「答えましょう。如来は三心で誓っていますが、大涅槃を開く真実の因は信心ですから、世親は愚かな衆生にも分かるように、一心と答えたのでしょう」。

この答えからも分かるように、親鸞聖人は、本願の三心が衆生の一心にまでなって、大涅槃の覚りを開いたのだと言っているのです。大行のところでも尋ねたように、名号に帰した懺悔の身を「真如一実の功徳宝海（大涅槃のはたらき）」がそのまま包んでくださるのですが、一体それはなぜか。その理由を問うているのです。如来の三心（願心）と衆生の信心（一心）とは、仏と衆生ですから位が違い、本来異質です。それを親鸞聖人が、本願の成就として一つであると見出したところに、如来の方から凡夫のままで、大涅槃に包む理由が明確になったのです。

「三一問答」ではこの後、仏意釈が設けられますが、そこでは世親が一心と答えた理由は分かるのですが、それならなぜ阿弥陀如来は「至心・信楽・欲生」の次第で三心を誓わなければならなかったのかと、仏の真意を改めて問うのです。

この仏意釈では、「至心」「信楽」「欲生」の一々に、煩悩具足の身の懺悔が述べられます。それを、至心釈のところで見てみましょう。

仏意測り難し、しかりといえども竊かにこの心を推するに、一切の群生海、無始よりこのかた乃至今日今時に至るまで、穢悪汚染にして清浄の心なし。虚仮諂偽にして真実の心なし。

（真宗聖典 二二五頁）

意味は次のようです。「凡夫ですから仏の意図など測ることはできません。しかし竊かにこの他力の信心を推し測ってみますと、一切の迷いに沈む群萌の海は、永遠の昔から今日この時に至るまで、悪に汚れ煩悩に染められて世を超えた清らかな心もなく、嘘偽りの心で媚び諂うばかりで、真実の心などどこにもありません」と、徹底した煩悩の身の懺悔が述べられます。

この至心釈では、本願の名号に帰して、如来の至心つまり真実心によって、我われの方に真実などどこにもないことが照らし出されているのです。要するに、念仏に帰して自力では救われないことが知らされ、人間の方からは決して如来の世界に橋が架からないことを、徹底して知らされるのが至心釈です。

次の信楽釈では、救われない煩悩の身の中に法蔵菩薩が身を捨てて、宿業の身と一つになっていることが知らされます。それだけではなく、衆生が煩悩の身で救われないからこそ、法蔵の願心が真実の信楽にまでなって、一切衆生を救うと説かれるのです。ですから衆生の信心と言っても、如来の願心そのものであるということが尋ね当てられます。

ここに「本願信心の願成就の文」と題して

諸有の衆生、その名号を聞きて信心歓喜せんこと、乃至一念せん、と。

（真宗聖典 二二八頁）

と、本願成就文の前半が引かれます。つまりこの至心釈・信楽釈までで、本願成就の一心に、宿業の身が大涅槃に包まれて相対分別の苦悩から解放されると言うのです。「真仏弟子」のところでも尋ねたように、これが真仏弟子釈の「必可超証大涅槃」に結実していきます。

最後の欲生釈では、欲生の願心こそが如来の回向心であると確かめられます。その後に「本願の欲生心成就の文」と題して

至心回向したまえり。かの国に生まれんと願ずれば、すなわち往生を得、不退転に住せんと。唯五逆と誹謗正法とを除く、と。

（真宗聖典 二三三頁）

と、本願成就文の後半が引かれます。つまり如来の欲生の回向心が衆生の願生心にまでなって、仏道を歩めない凡夫でも、大涅槃の覚りに向かって難思議往生という仏道を貫徹することができると確かめられます。本願力回向によるから、凡夫でも仏道を歩めるのです。これが真仏弟子釈の「金剛心の行人」に結実していきます。

この「三一問答」によって親鸞聖人は、衆生の信心と如来の願心とは位が違うのですが、法蔵菩薩のご苦労によって、決して別なものではないと尋ね当てたのです。そこに「至心に回向したまえり」と訓点して、如来の本願力回向を開いた源泉があるのです。

このように阿弥陀如来の仏意とは、凡夫を本願成就の一心によって大涅槃の覚りに包み、それに向かって歩む難思議往生の仏道に立たせることです。親鸞聖人は、この「至心・信楽・欲生」と次第する願心に、凡夫をそのままで大涅槃の覚りに向かうものへと転じる、阿弥陀如来の大慈大悲を感得したのです。

5　三経一異の問答

方便化身土巻の「三経一異の問答」の方に、眼を転じてみましょう。それは次のように始まります。

問う。『大本』（大経）の三心と、『観経』の三心と、一異いかんぞや。答う。釈家（善導）の意に依って、『無量寿仏観経』を案ずれば、顕彰隠密の義あり。「顕」というは、すなわち定散諸善を顕し、三輩・三心を開く。（中略）「彰」というは、如来の弘願を彰し、利他通入の一心を演暢す。（中略）『大経』『観経』、顕の義に依れば異なり、彰の義に依れば一なり。知るべし。

（真宗聖典　三三一〜三三三頁）

意味は次のようです。「『大経』の「至心・信楽・欲生」の三心と、『観経』の「至誠心・深心・回向発願心」の三心とは、一つなのか異なるのか。答えましょう。善導の意に依って『観経』を案じると、それには顕（表向きの意味）と彰隠密（隠された意味）があります。顕とは定散二善や三輩などの自力の善を言います。彰とは如来の本願を表して、他力へ通じる一心を明らかに説いています。したがって『大経』と『観経』は、表向きには異なりますが、隠された意味はどちらも他力の一心を明らかにしています」。

この後『阿弥陀経』についても同じような問答が設けられ、この問答の最後に

三経の大綱、顕彰隠密の義ありといえども、信心を彰して能入とす。（中略）いま三経を案ずるに、みなもって金剛の真心を最要とせり。

（真宗聖典　三四五〜三四六頁）

と述べられます。意味は次のようです。「浄土三部経には、それぞれ顕彰隠密の意義がありますが、本願成就の信心こそが大涅槃へ入ることを明らかにしています。です

から三部経は、共通に他力の金剛心を最も大切に説くのです」と述べられます。

このように『観経』は、定散二善の実践をとおして自力無効を知らせ、『大経』の他力の一心に導くのです。それには『観経』の自力の実践が必要ですから、『大経』の弘願に対して『観経』は要門と言います。また、真実に対して方便ですから、『観経』は仮門と言います。

また『阿弥陀経』では、称名念仏を「一心不乱」に励む難思往生が勧められます（真宗聖典　二二九頁）。しかしそれは顕の義の方便であって、彰の義は一切衆生を自力のままで救い遂げなければ仏にならないと誓う果遂の誓いこそが、この経の真意です。

本願成就の一心によって『大経』の大涅槃の覚りに包まれても、身は凡夫ですから往生という念仏生活においては、自力で一心不乱に名号を執持します。それを救い遂げなければ仏に成らないと誓うのが、『阿弥陀経』の果遂の誓いです。この果遂の誓いがあるからこそ、『大経』が群萌の救いを完成するのです。

このように「三経一異の問答」では、自力で生きる凡夫を『大経』に招き入れるための釈尊の手立てが説かれます。そこに『観経』・『阿弥陀経』を説かねばならなかった、釈迦如来のこの上ない大悲があるのです。

6　恩徳讃

ここまで、二つの問答の概要を尋ねてきました。「三一問答」は、第十八願・至心信楽の願成就文に立って、如来が「至心・信楽・欲生」の次第で誓わなければならなかったのは、自力で生きる凡夫を他力の仏道に導くための、阿弥陀如来の深い大悲でした。阿弥陀如来の大悲ですから、「正信偈」に返れば前半の「依経分」に対応します。

「三経一異の問答」の方は、釈迦諸仏の大悲を尋ね当てた思索でしたから、「正信偈」に返れば後半の依釈分に対応しています。資格のない凡夫がなぜ仏道に立ち得るのか、それは釈迦諸仏の護持養育以外にはありません。『観経』、『阿弥陀経』で自力を尽くさせ、『大経』の回向の法である念仏に生きる真仏弟子とする、その釈迦諸仏の大悲を讃仰するのがこの問答です。このように「正信偈」の前半の依経分は阿弥陀如来の大悲が説かれ、後半の依釈分は釈迦諸仏の大悲が説かれているのです。

ですからこの「正信偈」は、二尊の恩徳を讃える「恩徳讃」に収斂されていくことになります。この歌は、宿業の身の命よりももっと大切な、南無阿弥陀仏のいのちを生きた親鸞聖人の絶唱です。この身を捨ててもいいと讃える、南無阿弥陀仏への讃歌です。最後にその「恩徳讃」を掲げて、本書を終えたいと思います。

如来大悲の恩徳は
身を粉にしても報ずべし
師主知識の恩徳も
ほねをくだきても謝すべし

（真宗聖典 五〇五頁）

「阿弥陀如来の本願の恩徳はなにものにも代えがたい。この身を粉にしてもその恩徳に報いるべきです。また、釈尊をはじめとする善知識の恩徳にも、骨を砕いても感謝すべきです」と詠われます。

このように見てきますと『教行信証』の各巻は、この二尊の恩徳への讃嘆に満ち溢れているのだと思います。『教行信証』はどこを読んでもそう読まなければ、親鸞聖人の真意から外れるのではないかと思われます。

延塚　知道（のぶつか　ともみち）
1948年、福岡県生まれ。大谷大学文学部卒業。大谷大学文学部教授、大谷大学特任教授を経て、現在、大谷大学名誉教授。九州教区田川組昭光寺住職。
著書に『『浄土論註』講讃―宗祖聖人に導かれて―』『『教行信証』の構造』『親鸞の説法―『歎異抄』の世界―』（東本願寺出版）、『他力を生きる―清沢満之の求道と福沢諭吉の実学精神―』（筑摩書房）、『大悲の人　蓮如』（大谷大学）、『浄土論註の思想究明―親鸞の視点から―』『講讃　浄土論註』一巻～六巻（文栄堂）、『無量寿経に聴く　下巻』（教育新潮社）、『高僧和讃講義』一巻・二巻（方丈堂）など。

親鸞の主著『教行信証』の世界

2020（令和２）年７月28日　第１刷　発行

著　　者　延塚知道
発 行 者　但馬　弘
発 行 所　東本願寺出版（真宗大谷派宗務所出版部）
〒600-8505　京都市下京区烏丸通七条上る
TEL　075-371-9189（販売）
075-371-5099（編集）
FAX　075-371-9211
印刷・製本　シナノ書籍印刷株式会社
デザイン　藤本孝明＋如月舎

ISBN978-4-8341-0622-0　C0015